BIBLIOTHÈQUE
DE PHILOSOPHIE CONTEMPORAINE

LA

SUBSTANCE

ESSAI DE PHILOSOPHIE RATIONNELLE

PAR

ROISEL

PARIS

LIBRAIRIE GERMER BAILLIÈRE ET Cie

108, BOULEVARD SAINT-GERMAIN, 108

Au coin de la rue Hautefeuille

1881

LA SUBSTANCE

COULOMMIERS. — IMPRIMERIE PAUL BRODARD.

LA
SUBSTANCE

ESSAI DE PHILOSOPHIE RATIONNELLE

PAR

ROISEL

PARIS

LIBRAIRIE GERMER BAILLIÈRE ET Cie

108, BOULEVARD SAINT-GERMAIN, 108

Au coin de la rue Hautefeuille

—

1881

INTRODUCTION

Les corps qui nous entourent sont constitués par un principe nécessaire, que l'on appelle la substance universelle. Nos impressions ne sont produites que par les rapports qui s'établissent entre nous et cette substance, dont les apparences successives sont variables à l'infini. Selon les circonstances et les milieux, nous la voyons prendre incessamment de nouvelles formes, suivies de nouveaux rapports. Nous n'existons nous-mêmes pour autrui que par les rapports résultant de notre individualité, de sorte que nous ne pouvons pas plus nous isoler de l'univers qu'aucune autre de ses parties intégrantes.

Nous ne pouvons connaître la nature de la substance, cause essentielle de tous les phénomènes, que par l'étude de ses modes et des lois qui les régissent. Nous ne saurions rien du monde ambiant, si nous ne commencions par accepter les données de nos sens, puisque nous n'avons conscience de l'existence des corps que par les impressions qu'ils produisent sur nos organes. Notre vue pourrait être plus perçante, notre oreille plus fine, notre tact plus parfait : nous sommes certains cependant que nos sens ne se trompent pas ; et l'erreur, quand elle existe, ne provient que de la précipitation avec laquelle nous acceptons, sans les avoir compris, tous les renseignements qu'ils nous fournissent.

Une rame tenue obliquement paraît brisée au point où elle sort de l'eau ; mais, si l'on déduit de ce phénomène que la rame est véritablement brisée, ce n'est pas l'œil qui se trompe, c'est l'esprit qui s'égare, en concluant trop à la hâte. L'œil nous représente fidèlement la seule chose dont il puisse juger : la direction réelle des rayons lumineux.

Nous ne pouvons donc tirer de conclusions en nous basant sur une seule sensation. Il faut que de nombreuses observations viennent justifier les premières, et fassent découvrir les rapports exacts qui existent entre les phénomènes observés. Quand nous voyons, grâce à des circonstances toujours identiques, un fait se reproduire constamment, nous acquérons la conviction qu'en de semblables circonstances le même fait se reproduira. Aussi, lorsque nous lançons une pierre dans l'espace, sommes-nous assurés que bientôt elle touchera terre ; et, si nous ne devions pas appeler certitude cet état de notre esprit, c'est évidemment que nous ne nous entendons plus sur la valeur des mots. Nous dirons donc, en donnant au mot certitude la signification ordinaire, que nous sommes certains que la pierre tombera.

Les sciences naturelles ne sont que la synthèse d'observations contrôlées et classées avec méthode. L'observation est donc notre premier moyen de certitude, et l'expérience sera toujours le point de départ de toute connaissance, même des vérités que l'on appelle axiomes. L'enfant a commencé par observer que deux unités quelconques réunies à deux autres unités semblables font quatre unités, avant que son esprit, familiarisé avec cette opération, soit comme spontanément frappé par l'évidence du fait. Distinguant bientôt les nombres des idées qu'ils accompagnent, il se rend compte de l'exactitude de toutes les déductions arithmétiques.

Nous pouvons également concevoir les idées et les mots qui les représentent d'une façon abstraite. Toute la logique repose sur cette nouvelle opération de l'esprit. Mais pour que ces déductions engendrent la même certitude que les mathématiques, il importe de n'admettre pour point de départ de tout syllogisme que des mots ayant un sens invariable ; et, dans ce cas, la raison doit accepter les solutions du syllogisme au même titre que celles qui résultent d'une opération arithmétique.

On oppose quelquefois à l'autorité des raisonnements l'ancien sophisme qui consiste à soutenir que, puisqu'un cheveu de moins ne rend pas chauve, deux de moins ne peuvent rendre chauve, et ainsi de suite jusqu'au dernier. Mais on oublie que la première condition d'un bon raisonnement est de ne renfermer que des mots ayant une signification parfaitement nette, et présentant à l'esprit une idée aussi exacte que l'unité peut l'être pour le mathématicien. Or rien n'est plus vague que le mot chauve ; peu d'idées sont aussi indéterminées, et c'est de la difficulté d'établir ce qu'on entend par chauve que provient le sophisme.

Il n'en est pas de même de cet autre syllogisme :
Tout homme est mortel ; or je suis homme ; donc je
suis mortel. Chaque mot ayant ici une signification
sans équivoque possible, chaque idée ayant un sens
précis, nous pouvons affirmer que la conclusion de
ce raisonnement est aussi vraie qu'un théorème
géométrique. Nous sommes donc en possession
d'un second instrument de certitude qui nous per-
mettra d'affirmer toute déduction logiquement con-
quise, et nous acquerrons ainsi une série de vérités
qui ne dépendent ni de notre esprit ni de personne, mais qui existent et s'imposent par cela seul
qu'elles sont rationnelles.

Telle est, par exemple, cette autre proposition
qui appartient au domaine des idées abstraites :
Tout effet est contenu dans sa cause, car l'expérience
et le raisonnement nous ont enseigné ce qu'est un
effet, ce qu'est une cause, ainsi que le rapport nécessaire existant entre eux.

Les observations expérimentales et le raisonnement sont donc les deux moyens que l'homme possède pour arriver à la vérité. Avec leur aide, nous
nous proposons de rechercher quelle peut et doit
être la cause des phénomènes de l'univers. Nous
arriverons à cette plénitude de conviction qu'aucune
doctrine *à priori* ne saurait donner, et nous satis-
ferons le besoin de connaître, qui est peut-être
la loi la plus impérieuse de l'esprit humain.

LA SUBSTANCE

PREMIÈRE PARTIE

CHAPITRE PREMIER

LES ATOMES

Tout ce qui se manifeste est substance, et toute substance se manifeste par un phénomène quelconque.

D'après la cosmogonie, l'éther est constitué par cette substance dans le plus grand état possible de division [1]. C'est un océan d'atomes à l'état libre ; et les corps flottant dans l'étendue sont des associations temporelles d'atomes engendrées et conservées par l'action incessante des forces qui leur sont inhérentes. « L'éther, dit M. Boutigny, est un fluide impondérable ou plutôt impondéré, et parfaitement élastique, qui remplit les espaces planétaires. Il est pour nous le principe des corps. C'est leur état primordial. C'est la matière dans un état de ténuité extrême. »

La plupart des savants reconnaissent aux atomes une identité absolue, et, à chacun d'eux, une puissance

---

1. Nous reviendrons sur l'indivisibilité de l'atome, question que les études expérimentales ne peuvent résondre et que nous traiterons dans notre seconde partie.

n'ayant d'autre limite que celle que lui oppose la puissance égale des atomes voisins. Pour expliquer les diverses propriétés de leurs associations, M. Baudrimont leur attribue deux mouvements perpétuels et spontanés, le premier de rotation sur eux-mêmes, le second de translation en ligne droite. Il admet de plus que ces éléments sont doués d'une puissance d'attraction réciproque. Ces forces diverses s'équilibrent nécessairement dans l'éther, car, l'espace étant logiquement infini, le nombre des atomes l'est également. Ils demeurent les uns vis-à-vis des autres dans un état de pondération parfaite et ne peuvent que vibrer dans la sphère d'action que permet leur situation réciproque.

Par suite de circonstances encore inconnues, un certain nombre se sont soustraits à cet équilibre, et les corps solides, liquides et gazeux sont les mille aspects de ces fédérations diverses. Si l'éther et les associations pondérables d'atomes n'avaient pas un principe identique, la transmission du mouvement de l'éther aux corps et de ces corps entre eux non seulement ne s'effectuerait pas proportionnellement au nombre des atomes contenus dans ces derniers, mais ne pourrait même pas s'effectuer.

D'après la physique, les atomes sont susceptibles d'éprouver plusieurs sortes de vibrations qui, selon leur direction, leur rapidité et leur étendue, produisent les phénomènes que nous appelons chaleur, lumière, puissance magnétique, chimique et dynamique. L'élasticité des atomes rend constant le contact de leurs sphères d'action, de telle sorte que les vibrations de l'un de ces éléments peuvent se communiquer de proche en proche avec une rapidité extrême.

Il est prouvé expérimentalement que les vibrations caloriques et lumineuses sont identiques en tant que mouvement. Les unes et les autres se réfractent, se réfléchissent, se décomposent en vibrations de nature différente ; et rien n'est plus remarquable que leur influence réciproque. Toutes deux sont sujettes non seulement aux phénomènes de l'interférence, ainsi que l'ont prouvé MM. Matteucci et Foucault, mais encore à ceux de la polarisation. Les rayons caloriques sont même altérés par certaines substances d'une manière qui rappelle des modifications analogues subies, en d'autres circonstances, par les rayons lumineux. La chaleur qui a traversé un verre noir ou un cristal d'alun n'est plus la même. Ces deux corps unis la transforment entièrement, comme la superposition d'un verre rouge sur un autre de couleur verte intercepte toute lumière.

Les vibrations chimiques, électriques et magnétiques ne sont également que des transformations de l'énergie primordiale. Toutes résultent, pour M. Matteucci, de mouvements pouvant se substituer les uns aux autres, sans qu'il y ait jamais altération de la somme des effets auxquels ils sont équivalents ; car, dit M. C. Bernard, « une force quelconque n'est qu'une autre force transformée ; et son travail dynamique a toujours une formule définie et invariable. » MM. Béclard, Regnauld, Verdet et Gavarret ont prouvé que les vibrations caloriques peuvent se transformer non seulement en force purement mécanique, mais en force biologique ; et M. Melloni a exprimé le fait par cet axiome : « La somme des forces vives est constante et perpétuellement égale à elle-même. »

Non seulement les mouvements résultent de la transformation d'une seule et même force ; mais ils conservent entre eux les plus remarquables analogies. « Dans tous les effets de l'électricité, magnétisme, diamagnétisme, tension statique, courant voltaïque, écrit M. Cazin,

nous observons une orientation des corps et de leurs
particules qui est permanente ou temporaire, et qu'on
appelle la polarité. » M. Ohm a démontré que l'électricité se conduit absolument comme la chaleur dans les
phénomènes de leurs tensions ; et les lois du transport
des courants nerveux ont été identifiées par MM. Gau-
gain, Guillemin et Marey à ceux des courants électriques. M. Tyndall a prouvé que le magnétisme altérait
les ondes lumineuses, soit en les augmentant lorsque les
vibrations agissaient dans le même sens, soit en les
diminuant, lorsqu'il y avait interférence. Cet illustre
physicien a su même convertir les rayons lumineux en
rayons caloriques, en modifiant leurs vibrations, par
l'entremise d'une solution d'iode dans le sulfure de carbone.

Tout phénomène est subordonné à l'existence de
l'énergie primordiale qui, selon les possibilités d'être
déterminées par les milieux, revêt tel ou tel caractère.
La nature des associations d'atomes est donc éminemment variable ; et la diversité des corps pondérables
résulte de l'infinité de cette puissance. Sans le voisinage des astres, les atomes qui demeurent dans l'équilibre de l'éther ne se manifesteraient que par une pul-
sation stérile, par une sorte de besoin d'agir ; mais,
passé les limites de leur individualité, rien ne viendrait
témoigner de leur présence. Si le ciel n'était peuplé
d'aucune étoile, l'océan de l'espace ne serait que ténèbres. Son inaction apparente équivaudrait au néant.

Mais lorsque plusieurs atomes échappent par l'association à l'équilibre qui les enchaîne, aucune action
collective ne se produit sans que nous puissions affirmer qu'elle consiste en un mode quelconque du mouvement éternel ; car il nous est encore une fois aussi impossible de concevoir un atome dépouillé des forces qui

lui sont propres que d'admettre qu'il puisse s'animer ou cesser d'être. N'oublions pas que cette énergie indestructible est aussi réelle que la substance elle-même ; et que la force est à la matière ce que celle-ci est à la première.

Ce que nous voulons établir est non seulement la réalité de la substance, mais son éternelle activité. Nous prouverons qu'elle se révèle incessamment, et qu'il suffit, pour le constater, d'étudier les phénomènes cosmiques et les actes vitaux. Les atomes, sur cette terre, sont pour la plupart actuellement engagés dans des combinaisons plus ou moins stables, et cependant nous citerons bon nombre de faits qui ne peuvent être expliqués que par leur action spontanée.

L'inertie, d'ailleurs, n'est que l'équilibre établi entre les forces actives, soit des associations d'atomes, soit des atomes isolés. Les mécaniciens, qui n'ont à s'occuper que des conséquences de cette immobilité apparente, considèrent la matière comme aussi indifférente au repos qu'au mouvement. Ils imitent, en cela, les zoologistes, qui, dans leurs classifications, n'ont pas davantage à chercher si la fixité des espèces ne résulte pas de la stabilité du milieu actuel. Mais combien ne sont-ils pas obligés de convenir qu'en pratique cette immobilité est loin d'être absolue, et que l'équilibre des forces inhérentes aux masses ne paralyse qu'en partie la puissance initiale de l'atome! Qui ne connaît les préoccupations que leur causent la dilatation et les mouvements moléculaires des métaux? Qu'est-ce d'ailleurs que l'attraction sidérale exercée et subie par notre planète? Ou bien cette puissance est inhérente à notre globe, ou elle lui est communiquée du dehors. Il n'y a pas de troisième solution.

Arago paraît favorable à la seconde. « D'après les

idées de Lesage, écrit-il dans une de ses notices scientifiques, il y aurait dans les régions de l'espace des corpuscules se mouvant, suivant toutes les directions possibles, et avec une excessive rapidité. Un corps unique, placé au milieu d'un pareil océan de corpuscules mobiles, resterait en repos, puisqu'il serait également poussé dans tous les sens. Au contraire, deux corps devraient marcher l'un vers l'autre, car ils se feraient réciproquement écran, car leurs surfaces en regard ne seraient plus frappées dans la direction de la ligne qui les joindrait, car il existerait alors des courants dont l'effet ne serait plus détruit par des courants contraires. »

Cette hypothèse n'explique pas le mouvement ellipsoïdal des planètes, qui, comme chacun sait, est la résultante de la gravitation et de la course rectiligne des corps célestes. Aussi Newton faisait-il de ces mouvements deux propriétés éternelles des atomes. Il pensait que chacune de leurs agglomérations agit à distance les unes sur les autres, en vertu d'une loi qui échappe à la raison, mais dont les effets sont incessants, et nous croyons que cette doctrine est seule d'accord avec les faits. Oui, sans doute, les atomes de l'espace sont perpétuellement actifs, mais leur puissance est équilibrée par leur nombre. En admettant même l'hypothèse de Lesage, nous ne voyons pas comment deux corps plongés dans cet océan sans limites peuvent être poussés l'un vers l'autre. La partie de l'éther qui les sépare est nécessairement en équilibre comme le reste ; et la force impulsive de l'atome qui touche un corps, du côté d'un second corps, est identique à celle qui peut l'influencer sur l'autre face.

Si, d'ailleurs, comme nous le pensons, les corps célestes gravitent par attractions réciproques, ils doivent

agir par leur masse, et ils ne peuvent être influencés
que par leur surface, s'ils ne se meuvent que poussés
par les mouvements inhérents à l'éther. M. Janet, grand
partisan de l'impulsion, objecte que cet argument serait
décisif s'il s'agissait d'un fluide n'exerçant d'action que
sur la surface des corps, mais que l'éther les pénètre et
en remplit tous les interstices. Certainement, mais que
veut-il en conclure? Si l'éther pénètre les corps entièrement, s'il les traverse de part en part, il se fera toujours
équilibre à lui-même, puisque les mouvements de ses
atomes ne rencontreront pas d'obstacle ; et, d'après
M. Janet, les corps devraient rester immobiles. D'un
autre côté, si la partie impénétrable des corps offre à
ces mouvements un écran suffisant pour expliquer l'impulsion, les corps ont beau être imprégnés d'éther, ils
ne peuvent être mus, toujours d'après M. Janet, que
suivant leur surface. Or, comme l'astronomie nous enseigne le contraire, l'objection tombe d'elle-même, et
nous devons admettre qu'une manifestation de force,
sur un point donné, doit être d'autant plus grande qu'il
y a plus grande accumulation d'atomes. Nous devons
toujours conclure à l'activité nécessaire et spontanée de
la substance.

CHAPITRE II

L'ACTION SPHÉROÏDALE

Lorsqu'on projette une petite masse d'eau sur une surface très chaude, les molécules de cette masse se réunissent en un seul globule qui, s'évaporant très lentement, est doué de propriétés, de vibrations et de mouvements spéciaux. Selon M. Boutigny, .cet état, appelé sphéroïdal, est le point de départ de tous les phénomènes cosmiques. Dès qu'un certain nombre d'atomes peuvent échapper à un équilibre préexistant, ils se groupent en sphéroïdes actifs. Tel est le commencement de toute action, le fait auquel tous les autres doivent être ramenés. Tantôt apparaissent des bolides, tantôt des boules aqueuses ou vaporeuses. L'univers ne subsiste qu'en vertu de cette loi fondamentale.

Ces sphéroïdes, quels qu'ils soient, sont animés du mouvement de translation rectiligne propre aux atomes générateurs. Un de ces corps serait-il unique, il se dirigerait éternellement vers les confins de l'espace, en tournant sur lui-même, par suite d'une autre nécessité primitive. Deux de ces corps existeraient-ils, que, en vertu d'une troisième propriété de la substance, ils s'attireraient mutuellement et décriraient d'immenses circonférences autour de leur centre commun de gravité.

On ne doit pas confondre les éclairs ordinaires, qui ne sont qu'une vibration passagère de quelques molécules gazeuses, sous l'influence de deux tensions électriques opposées, avec les globes de feu qui surgissent parfois du sein des nuages. La vibration est ici assez forte pour arracher un certain nombre d'atomes à leur équilibre; et dès lors, en vertu de la puissance qui leur est propre, ils s'associent soudainement et acquièrent par cette agglomération une pondération qui les précipite dans notre attraction.

La différence est donc considérable. Aussi Arago a-t-il eu raison de dire : « Les paratonnerres les mieux établis sont insuffisants contre ces globes de feu qui semblent des agglomérations de substance pondérable. » Pourquoi, demande cet illustre savant, paraissent-ils rester un moment immobiles pour se diriger ensuite vers la terre? Parce que la course du météore ne se détermine que lorsque les atomes, après avoir vibré énergiquement quelques instants, deviennent pondérables par leur concentration.

Ces boules sont légères; et leur élan dans l'espace n'est pas généralement fort rapide. Elles se laissent entraîner par le vent et rebondissent sur le sol, comme si elles étaient douées d'une merveilleuse élasticité. Leur état sphéroïdal non seulement empêche tout contact avec les corps terrestres, mais suspend à peu près complètement toute communication de leurs vibrations internes. On peut même s'approcher d'elles sans éprouver aucune sensation de chaleur.

Parfois les boules de feu éclatent et disparaissent, faute d'un milieu approprié à la durée de leur unité fédérative; nous remarquons le même fait chez les infusoires, en des circonstances analogues. D'autres fois, elles se divisent tout à coup en un grand nombre de petites boules dont les atomes constituants se dispersent bientôt ou s'associent spontanément, soit en vapeur d'eau, soit en matière incandescente. Peut-être l'explosion résulte-t-elle d'une trop grande amplitude des vibrations intérieures; et M. Boutigny explique ainsi les phénomènes identiques que l'on observe dans la caléfaction. En vertu de la force répulsive développée par l'état sphéroïdal, jamais ces fragments ne se rapprochent, et la similitude est toujours parfaite.

Les étoiles filantes nous offrent des spectacles réguliers, à échéances fixes. Les bolides au contraire échappent à toute prévision rationnelle. Ce sont des agglomérations sphéroïdales et subites de quelques atomes, dues à des circonstances cosmiques encore ignorées; et leur peu de durée provient de ce que, tombant dans l'attraction terrestre, ils sont promptement désagrégés par le choc aérien. Si le phénomène se produisait beaucoup plus loin de notre globe et sous un volume plus considérable, nous aurions au contraire le spectacle de l'une de ces étoiles fugitives qui apparaissent tout à coup pour bientôt disparaître, entraînées dans une direction inconnue, ou de l'une de ces comètes nouvelles qui se lancent en ligne droite dans l'espace, jusqu'à ce qu'elles rencontrent une attraction assez forte pour imprimer à leur mouvement le sens ellipsoïdal. L'état sphéroïdal du bolide est attesté d'ailleurs par l'isolement subit de la masse des atomes qui le constituent et que la même puissante vibration a rassemblés. Cet état délimite si bien le météore que l'ébranlement ne se communique pas à une plus grande partie de la substance ambiante.

Nous parlerons ici de l'opinion de quelques savants qui n'admettent plus aujourd'hui l'existence de couches d'aérolithes circulant dans le zodiaque en nombre incalculable, ainsi que l'ont imaginé les astronomes pour expliquer les chutes périodiques. Ils pensent plutôt qu'un immense anneau de matière cosmique existe autour du soleil, et que, sous l'influence du voisinage terrestre, cette matière se condense çà et là et se précipite. Cet anneau serait donc constitué par la vibration lumineuse d'une certaine couche d'éther, par une sorte d'état génésiaque résultant de l'action que les grands corps sidéraux exerceraient à une distance déterminée sur les atomes de l'éther. Ceux-ci peuvent sans doute, avant de s'engager dans une association pondérable, subir une vibration qui ne les soustraie pas encore à leur isolement, mais qui pour eux est un acheminement vers une action plus déterminée [1].

Selon M. Béron, « la création se termina par la production des éléments de l'eau, qui se trouvèrent, dès le commencement, saturés de lumière et de chaleur. La masse d'eau se présenta à l'état de vapeurs brûlantes et lumineuses. » Et plus loin : « Pour la création, il a fallu : 1° l'éther ; 2° son état d'équilibre détruit ; 3° un laps de temps considérable. Il n'entre dans la création d'autres matériaux que l'éther seul, qui se trouvait répandu dans l'espace infini, où il était en équilibre. »

Le premier résultat de cet ébranlement de l'espace fut donc une énergie qui associa les atomes à l'état de vapeur d'eau lumineuse ; et cette vapeur se condensant

---

1. Quelques savants américains ayant constaté, au moyen de l'analyse spectrale, que les divers rayons lumineux engendrent des phénomènes identiques à ceux que révèlent certaines vapeurs métalliques, en ont conclu que le soleil nous envoie des myriades de molécules de sept espèces différentes. Nous croyons plutôt que les atomes de l'éther sont animés de mouvements analogues à ceux qu'ils possèdent dans quelques-unes de leurs associations ; et nous expliquons ainsi l'apparition des météores métalliques.

dut s'agglomérer sous la forme sphéroïdale. La science admet aujourd'hui que le corps des comètes n'est qu'un amas de vapeur offrant souvent un noyau très lumineux, entouré d'une vaste enveloppe plus ou moins dense. La partie centrale serait donc un sphéroïde aqueux animé d'un puissant mouvement vibratoire et dont la vapeur formerait l'auréole. Mais, quelque rationnelle que soit cette hypothèse, elle ne donnerait pas l'explication de la queue de ces phénomènes cosmiques, d'une longueur parfois immense, et dont l'existence serait impossible sans la présence dans l'espace des atomes de l'éther.

Admettre que ce soit une vapeur visible par l'intensité de son calorique est inadmissible ; car, dans ce cas, cette vapeur entourerait à peu près également le noyau, ou le suivrait, si la pondérabilité de cette matière gazéiforme était très faible. La queue des comètes est au contraire constamment en opposition avec le soleil. Elle suit le noyau, lorsqu'il marche vers le soleil ; tandis qu'elle le précède quand il s'en éloigne. Or ce phénomène prouve, de la manière la plus certaine, que cette queue n'est pas une vapeur ou un gaz appartenant à la comète, mais une simple vibration des atomes de l'éther, vibration due à l'influence de l'astre nouveau, et dont l'intensité est plus énergique, en certaines régions de l'espace, suivant les variations de cette influence. Aussi quand ce phénomène est considérable par suite du voisinage du soleil, ce n'est pas un corps réel qui se déplace, mais la vibration qui abandonne telle ou telle partie de l'océan éthéré pour imprimer l'ondulation lumineuse à d'autres régions [1].

---

1. On voit souvent les vibrations du magnétisme terrestre se communiquer aux atomes de l'air et de l'éther qui entourent les

Le commencement de toute action cosmique consistera donc dans l'ébranlement d'une contrée de l'éther, se manifestant par une sorte d'incandescence, puis par l'apparition soit de sphéroïdes minéraux à l'état de fusion ou de vapeur, soit de sphéroïdes aqueux; et ces derniers sont animés de mouvements particuliers d'où résulte, aussitôt que le milieu le permet, le développement de combinaisons diverses.

D'après M. Béron, notre globe n'était primitivement qu'un sphéroïde de molécules d'eau, précipitant à son centre les reliquats minéraux des phénomènes vitaux qui se développaient à sa surface. Avec le temps, l'accumulation de ces matières forma la partie solide des corps sidéraux, et, par suite des réactions chimiques qui résultèrent de son dépôt, cette masse subit des fontes et refontes successives. Mais, lorsque les énergies atomiques sont équilibrées, toutes les modifications phénoménales s'arrêtent; et l'astre mort suit le sillon que l'attraction lui trace dans l'espace, jusqu'à ce que la rencontre d'un globe errant, ou toute autre circonstance, détruise, par une puissante secousse, l'équilibre que subissent ses atomes [1]. Lorsqu'une cause quelconque, résultant nécessairement de l'accomplissement des lois éternelles, désagrégera soit notre système solaire, soit notre groupe stellaire, les éléments primordiaux qui le constituent, recouvrant leur indépendance, resplendiront d'une lueur qui annoncera aux nébuleuses voisines une immense destruction et sera l'aurore d'un monde nouveau.

pôles. Parfois, ce mouvement est assez puissant pour égaler une vibration lumineuse; et nous assistons alors au magnifique spectacle des aurores boréales. L'apparition de plusieurs phénomènes cosmiques est peut-être due à des causes perturbatrices analogues.

1. On sait que le centre de gravité du système solaire se dirige vers un point situé dans la constellation d'Hercule.

On nous objectera que l'on ne voit pas ici le promoteur du premier phénomène, et quelle fut la cause déterminante de cette vibration génératrice, assez puissante pour dégager un certain nombre d'atomes de la pondération qui enchaînait leurs énergies. Nous répondrons que, la substance étant éternelle, il y eut éternellement des mondes réalisés; que l'on ne peut pas plus remonter à l'origine du premier d'entre eux qu'à la source même de l'éternité; et que cet inconnu insondable se confond avec les mystères de toute cause première. Il suffit que ces mondes existent, pour que leur translation dans l'espace détermine des rencontres formidables qui les anéantissent et les renouvellent.

L'apparition actuelle de quelques phénomènes cosmiques atteste déjà que notre globe impressionne vivement les atomes de l'air et très probablement ceux de l'éther ambiant. Mais combien ne doit pas être plus forte l'action des grands astres? Qui mesurera jamais la portée d'une telle influence? Qui oserait limiter la puissance d'une nébuleuse entière? Tandis que quelques-unes s'obscurcissent, d'autres commencent leurs séries phénoménales; et l'univers gravite dans ce cycle infini qui révèle les transformations sans commencement ni fin de la substance.

Eternellement, l'état sphéroïdal sera le fait primordial, et l'univers n'a pas de loi plus fondamentale. La forme sphérique est, du reste, la seule qui satisfasse à toutes les conditions d'une énergie agissant également dans tous les sens, d'une agglomération d'atomes située dans un milieu parfaitement équilibré comme l'éther. Toute masse vibrante a même une tendance vers la forme sphéroïdale . Lorsque l'air est frémissant de vibrations caloriques et électriques, il s'anime parfois de mouvements circulaires et engendre ces épouvantables

ouragans en spirales qui ravagent des contrées entières.
Ces cyclones résultent évidemment de l'action sphéroïdale [1].

Sir W. Thomson a étudié les anneaux que forme parfois une fumée épaisse. Les particules de fumée roulent
sur elles-mêmes et exécutent des mouvements de rotation dans chaque section de l'anneau. Ces mouvements
ont lieu de l'intérieur vers l'extérieur, dans le sens de
la translation, de telle sorte que la masse entière tourne
sans cesse autour d'un axe qui en forme en quelque
sorte le noyau. Ces mouvements de rotation ont cela de
remarquable que toutes les particules de la fumée sont
indissolublement liées dans leurs voies circulaires et ne
peuvent jamais se quitter. Il en résulte que chacune
d'elles garde sa place dans la masse du tourbillon.

M. Helmholtz avait déjà reconnu en 1858 que les
anneaux-tourbillons qui existeraient dans un liquide
parfait, affranchi de tout frottement, seraient composés
par une quantité invariable des mêmes molécules, de
telle sorte que ces anneaux pourraient se propager et
changer de forme sans que jamais la connexion de leurs
parties constituantes soit rompue. Ils continueront à
tourbillonner indéfiniment dans le liquide, et rien ne saurait les diviser ou les détruire. L'intervention d'une
force venant du dehors pourrait seule, soit modifier leur
mouvement, soit faire naître des anneaux nouveaux.

Les tourbillons de fumée donneraient une image
exacte de ces tourbillons liquides, s'ils apparaissaient
dans un gaz parfait. Tels qu'on peut les obtenir, ils
présentent déjà avec eux de grandes analogies. Quand
on veut les diviser, ils s'affaissent sans se laisser enta-

1. M. Mascart a construit une bouteille de Leyde sphérique,
et cette disposition donne à la condensation électrique une puissance bien plus considérable.

mer, et, lorsqu'ils sont déformés, ils oscillent autour
de leur ancienne position, qu'ils finissent par reprendre.
Deux anneaux, se rencontrant, se comportent comme
deux corps solides élastiques et vibrent énergiquement
après le choc.

Sir W. Thomson tira de ces faits une théorie toute
récente. D'après lui, un fluide substantiel parfait remplit
tout l'espace, et nous appelons matière les éléments de
ce fluide qui se sont associés en tourbillons sphéroïdaux. Ce sont des légions innombrables de très petits
amas d'atomes. La chimie admet aujourd'hui une
soixantaine d'espèces différentes de ces agglomérations,
dont chacune est parfaitement limitée, distincte de
l'éther générateur et distincte de toutes les autres, non
par sa substance propre, mais par sa masse et par ses
modes de mouvement. Dans le milieu parfait qui les
renferme, aucun de ces tourbillons ne peut changer ni
disparaître, à moins qu'une cause encore inconnue ne
les désagrège pour former de leurs éléments constituants un autre tourbillon primordial, ou pour les faire
rentrer, à l'état d'atomes indépendants, dans l'océan de
l'éther. Ces tourbillons sont partout constitués de la
même façon et sont tous doués des mêmes propriétés.
Les molécules d'hydrogène vibrent de la même manière,
soit qu'on les chauffe dans un tube de Geissler, soit
qu'on les observe dans le soleil ou dans la nébuleuse
la plus éloignée que nos instruments actuels puissent
atteindre.

CHAPITRE III

LES CORPS GAZEUX, LIQUIDES ET SOLIDES

De même que les atomes de l'éther sont perpétuellement et spontanément actifs, leurs associations le sont
également, et nous allons citer quelques-uns des phénomènes qui établissent la réalité des mouvements particuliers aux corps gazeux, liquides et solides. Nous parlerons plus loin des phénomènes vitaux qui, plus que
tout autre, attestent l'indestructible puissance de la
substance.

Tout corps simple est formé de molécules identiques,
maintenues, par actions réciproques, à des distances
déterminées dont les variations se traduisent à nos yeux
par ce que nous appelons la contraction et la dilatation.
Chacune de ces molécules est caractérisée par sa masse
constante et aussi par les affinités qui la portent à rechercher, dans l'acte de la combinaison, d'autres associations d'atomes d'une nature complémentaire à la
sienne.

Un corps composé est également divisible en molécules identiques entre elles, mais dont chacune réunit des
fédérations primordiales d'atomes, en nombre proportionnel au degré de complexité de la combinaison. Ces

diverses molécules, que le corps soit simple ou composé, forment par leur groupement un petit édifice polyédrique, dont chaque molécule occupe un sommet. « Ce polyèdre, écrit M. de Lapparent, est l'élément constitutif des corps, celui auquel il est permis de le réduire par la pensée, encore bien que sa petitesse dépasse beaucoup ce qu'il est possible d'observer avec les plus puissants microscopes. »

Les divers états d'un corps ne peuvent dépendre que des relations de position qui s'établissent entre ses polyèdres moléculaires. Si ces relations sont telles que leurs centres de gravité demeurent dans un certain état d'immobilité relative, il en résultera pour le corps une fixité qui donnera naissance à ce que nous appelons l'état solide. Il pourra même arriver, dans certains cas favorables, que ces centres de gravité prennent un arrangement régulier, tout à fait indépendant des circonstances extérieures ; et les polyèdres, n'obéissant qu'à leurs actions mutuelles, s'orienteront tous de la même façon. La permanence des divers systèmes de cristallisation ne peut s'expliquer que par la symétrie particulière à chaque espèce de polyèdre.

La thermodynamique nous fournit la preuve des mouvements qui ont lieu dans l'intérieur des corps solides. La chaleur est en effet la traduction sensible de ces mouvements, dont l'intensité a pour mesure la température même des corps. L'état vibratoire des molécules a pour résultat de faire osciller chacune d'elles autour de sa position moyenne, sans que jamais, dans ce mouvement, elle échappe un seul instant à l'action des molécules voisines, de sorte que l'équilibre général est parfaitement stable.

Mais si, par l'intervention d'une source de chaleur extérieure, on augmente l'énergie vibratoire d'un corps, d'une part, ce corps se dilate, c'est-à-dire que la distance réciproque des molécules polyédriques augmente, ce qui diminue l'intensité avec laquelle chacune d'elles peut retenir les voisines; d'autre part, les excursions de chaque molécule autour de sa position moyenne prennent une amplitude plus considérable. Sous l'influence d'un degré de chaleur variable selon les espèces, il arrive donc un moment où ces excursions sont assez longues pour que les molécules échappent complètement à l'action du groupe sous l'empire duquel elles avaient gravité jusque-là; mais elles retombent immédiatement sous la domination d'un autre groupe, et ainsi se produit cet état d'équilibre instable, caractéristique des liquides, en vertu duquel ils obéissent à toute action extérieure, sans pouvoir affecter d'autre forme que celle du vase qui les contient.

Enfin, l'énergie vibratoire venant toujours à augmenter, les molécules finissent par être entièrement soustraites à leurs actions mutuelles : c'est le cas des gaz [1]. Les forces attractives qui, dans les solides, règlent la distance des molécules en raison de leur essence, ne sont plus ici en jeu, et les molécules des gaz sont assez écartées les unes des autres pour échapper complètement à leurs actions mutuelles. Dans un vase clos, elles pénètrent à travers les canaux capillaires des parois lorsque celles-ci sont poreuses, et finissent par se dissiper dans l'atmosphère; mais, en même temps, l'air

---

1. Plusieurs savants considèrent les gaz comme des masses composées d'innombrables sphéroïdes creux, constitués des polyèdres primordiaux, et se mouvant spontanément en ligne droite. Quelle que soit la nature intime du gaz, ce mouvement est toujours une propriété nécessaire de l'atome, puis des polyèdres et de leurs associations; et cette propriété se manifeste également chez les sphéroïdes des coupelles de laboratoire, comme chez les sphéroïdes cosmiques.

entre de la même manière et remplace le gaz sorti. Si
deux gaz séparés par une cloison poreuse, sous des pres-
sions identiques, possèdent, comme l'oxyde de carbone
et l'azote, la même densité et la même vélocité, il y a
seulement mélange, sans changement de volume. S'ils
sont au contraire de densités et de vitesses différentes, la
pénétration réciproque cesse d'être égale dans les deux
directions. Il est prouvé que l'air, traversant des couches
de caoutchouc, laisse derrière lui la moitié de son azote,
et l'on en conclut que l'oxygène est doué d'une plus
grande activité moléculaire.

Cette sorte de vitalité propre à la molécule gazeuse
ne saurait donc être niée, surtout quand elle se manifeste lorsque le même gaz se trouve à l'intérieur et à
l'extérieur du vase, et par conséquent en contact avec
les deux faces de l'enveloppe poreuse. M. Grahan a,
d'ailleurs, établi que la durée du passage ne présente
aucune relation avec le temps nécessaire à la transmission capillaire ; et il faut admettre que la pénétration
des gaz est parfaitement due aux mouvements moléculaires particuliers à chaque espèce.

Il existe une relation constante entre la tension d'un
gaz et la vitesse de ses molécules, relation qui dépend
de leur composition et de leur nombre dans l'unité de
volume. D'après M. Clausius, les molécules d'air, à la
température de la glace fondante, se meuvent en ligne
droite avec une vitesse moyenne de 485 mètres par seconde, et les molécules de l'hydrogène avec une vitesse
de 1844 mètres ; mais elles sont trop nombreuses pour
pouvoir parcourir librement d'aussi grandes distances.
A tout moment elles se heurtent, rebondissent ; et
chaque changement de direction résulte du choc de
deux ou plusieurs molécules, de telle sorte que, bien
qu'elles soient toutes douées d'un mouvement rectiligne,

leur ensemble exerce une pression dans tous les sens contre les parois du vase qui les contient. Cette pression est uniforme dans toute la masse gazeuse, parce que les chocs se succèdent avec une vitesse extrême et se compensent les uns les autres sur un espace d'une étendue sensible.

Les mouvements des molécules d'air ont été établis définitivement par les expériences si remarquables de sir W. Crookes. Que le lecteur se figure un globe de verre dans l'intérieur duquel on fait le vide, après y avoir disposé un petit moulinet à quatre ailes pouvant tourner autour d'un axe vertical et dont l'une des faces est noircie. Un rayon lumineux vient-il à tomber sur la face noircie d'une ailette, il l'échauffe, et cet échauffement se communique immédiatement aux molécules d'air restées dans l'appareil. Elles en reçoivent un surcroît de force vive qui les projette plus violemment contre cette ailette et contre les parois du vase ; et comme, grâce à la raréfaction, elles ne rencontrent dans leur course que peu ou point de molécules, l'accroissement d'énergie qu'elles ont reçu ne peut plus se propager par déviation dans la masse entière du gaz. Il y a défaut d'équilibre entre les deux faces de l'ailette. Le moulinet se met donc à tourner, les faces les moins chaudes en avant.

Une autre expérience permet à l'œil d'observer la longueur des courses moléculaires. Si une décharge électrique a lieu dans un tube dont l'atmosphère est raréfiée, il ne se produit pas d'étincelle. Le tube s'illumine, et il y a toujours autour du pôle négatif un espace obscur, qui s'allonge à mesure que le vide augmente. Le pôle négatif d'un courant électrique serait donc le point de départ d'impulsions beaucoup plus puissantes que celles que peut opérer le pôle positif. Après avoir électrisé for-

tement les molécules gazeuses, le premier les repousse-
rait avec un excès de vitesse contre celles qui se diri-
geaient vers lui, et le tube resterait obscur jusqu'à cette
rencontre ; un choc se produit alors à la limite de l'espace obscur et détermine, par l'énergie vibratoire qu'il
fait naître, la bordure lumineuse de cet espace. Aug-
mente-t-on le degré de raréfaction de l'air, les molécules
repoussées par le pôle négatif ont de plus longs chemins
rectilignes à parcourir avant le choc. L'espace obscur
s'allonge, et l'on peut donner au tube des dimensions
telles que, avec un vide d'un millionième d'atmosphère
de pression, le tube tout entier reste obscur.

La rapidité des mouvements des molécules gazeuses
électrisées, non seulement est cause des phénomènes lumineux que nous venons de décrire, mais leurs chocs
peuvent élever la vibration de certaines molécules solides jusqu'à manifester des effets également lumineux.
On a remarqué que, pendant la décharge, les parois du
tube de verre prennent une teinte phosphorescente qui
résulte d'une excitation vibratoire particulière, et l'expérience suivante a démontré d'une façon péremptoire
que la phosphorescence des tubes est bien due au choc
des molécules gazeuses.

Dans un vase de forme allongée, sir W. Crookes dispose
une croix de Malte en métal léger, un peu en avant de
la paroi opposée au pôle négatif. Cette croix intercepte
le passage d'une partie des molécules qui devaient aller
choquer le verre ; et on voit, sur le fond du vase, se des-
siner une croix de Malte obscure au milieu de la paroi
phosphorescente, preuve manifeste que l'excitation du
verre est due au choc direct des molécules gazeuses, et
que, de plus, ces dernières cheminent exactement en
ligne droite. Si maintenant on vient à faire tomber la
croix métallique qui formait écran, l'ombre portée dis-

paraît, et c'est une croix plus lumineuse qui se détache sur un fond moins éclairé. Cela tient à ce que le tressaillement des molécules du verre est fort énergique au moment du premier choc. Après un certain temps, l'équilibre vibratoire s'établit. On voit l'éclat de la croix s'affaiblir, et le fond du vase finit par être éclairé d'une façon uniforme [1].

Ce qui résulte pour nous de ces admirables expériences est avant tout l'existence des mouvements spontanés des molécules gazeuses, accélérés par l'électricité et rendus pour ainsi dire visibles par la raréfaction. Mais l'état gazeux n'est pas le seul dont la théorie nous enseigne les agitations. Tandis que, chez les solides, les excursions des molécules autour de leur situation moyenne ne changent rien à leurs relations de position, l'amplitude des excursions dans les liquides est telle qu'à chaque instant une molécule s'échappe du groupe dont elle fait partie pour retomber immédiatement sous l'empire d'un autre groupe.

Cette condition change, au contact de l'atmosphère ambiante. Sur la surface de la masse liquide, celles des molécules que l'excès de leur énergie vibratoire a poussées au dehors et soustraites à l'influence de leurs voisines ne rencontrent plus aucun autre groupe liquide qui l'absorbe. Elles vont alors cheminer librement dans le milieu gazeux, en passant à l'état de vapeurs, et commencent l'existence indépendante particulière à toute molécule gazeuse. Une agitation irrégulière dans sa

---

1. Sir W. Crookes donne encore une autre preuve du mouvement des molécules gazeuses, en faisant voir qu'il est apte à produire des actions mécaniques. Il peut même y avoir des transformations de ce travail en chaleur par l'arrêt brusque du mouvement. En concentrant le courant moléculaire gazeux, à l'aide d'un miroir convexe, sur une petite lame de platine irradié, on l'échauffe, et on finit par la fondre.

direction, et une tendance constante des molécules à s'affranchir de l'attraction des groupes voisins, tels sont les caractères des liquides, ceux que la théorie thermo-dynamique indique et que l'expérience vérifie.

Mais, pour que cette expérience réussisse, il faut évidemment qu'elle puisse n'être appliquée qu'à une portion très petite de liquide, car il en est des agitations des molécules liquides comme des mouvements produits par les chocs tumultueux des éléments gazeux. Elles se compensent sur une étendue tant soit peu sensible, et il sera impossible d'y constater aucun mouvement, comme aussi d'observer aucun changement dans la valeur de la pression qui règne sur un point. Cette pression est produite par une pluie de petits projectiles molécu-laires arrivant de toutes les directions; mais, si l'on réfléchit qu'un millimètre carré reçoit à la fois plusieurs millions de chocs se succédant avec une rapidité encore inconnue, on ne sera pas étonné que nos sens ne soient aptes qu'à recevoir une impression d'ensemble ayant toutes les apparences de la stabilité.

Quelques observations très récentes sont venues donner la preuve expérimentale du mouvement des molécules liquides. On reconnut dans les cristaux les plus purs l'existence d'une infinité de cavités microscopiques dont plusieurs contenaient, avec une petite bulle de gaz, une certaine quantité du liquide dans lequel le cristal avait pris naissance. Le Père Renard constata que, tandis que les plus grosses bulles de gaz étaient immobiles, les plus petites, ou les libelles, étaient animées d'un mou-vement perpétuel. « Tantôt, dit-il, la libelle n'aura qu'une trépidation sur place; tantôt elle s'avancera lentement; tantôt, imitant à s'y méprendre le mode de progression des organismes inférieurs, elle s'agitera d'un bout à l'autre de sa prison, s'arrêtera un instant pour trembler sur elle-même, reprendra sa course, et ira buter contre les parois de l'enclave. »

Cette bulle gazeuse est, en effet, bombardée par les molécules qui l'entourent. Si ses dimensions sont trop petites pour que la multiplicité des chocs compense l'inégalité de leurs intensités, cette bulle devra se déplacer à chaque instant dans le sens de la plus grande impulsion reçue; et, cette impulsion étant incessamment variable de direction, il en résultera une sorte de mouvement de trépidation. D'un autre côté, l'évaporation du liquide qui contient la libelle introduit dans l'espace qu'elle occupe une quantité de vapeur invariable à température égale. Mais, en vertu des mouvements moléculaires, il y a échange continuel entre le liquide et la libelle. Quelques particules du premier passent à l'état gazeux, pendant que certaines portions de la vapeur déjà produite sont ramenées à l'état liquide; et cet échange est d'autant plus irrégulier que la libelle est plus petite. Si les dimensions de celle-ci tombent au-dessous de certaines limites, on assistera aux continuelles variations de sa contenance, et elle paraîtra poussée tantôt d'un côté, tantôt d'un autre.

Les trépidations de ces bulles, ainsi que celles des particules impalpables observées par Brown, attestent donc l'existence des mouvements perpétuels et spontanés des molécules liquides, comme le radiomètre établit la réalité des mouvements perpétuels et spontanés des molécules gazeuses.

Les molécules des corps solides peuvent, sans se désagréger, témoigner également des mouvements qui leur sont propres. Soumis à l'action des rayons solaires, le phosphore devient rouge; le sulfate de mercure, les iodures, bromures et chlorures noircissent; la cire blanchit; le bismuth se teint en violet; certains cristaux blancs deviennent pourpres. Ces phénomènes sont dus à une modification de l'agencement moléculaire de ces corps, résultant du surcroît d'activité qui leur est communiqué.

Lorsque les vibrations lumineuses ne modifient pas leurs dispositions moléculaires, les corps conservent un certain temps le mouvement qui leur a été communiqué, et peuvent le transmettre sans transformation de force. Le carbone, le barium, le strontium, le calcium, les sels de chaux, etc., acquièrent ainsi la propriété de devenir visibles dans l'obscurité après avoir été exposés aux rayons solaires. Plusieurs minéraux n'ont même pas besoin de cette influence pour devenir lumineux ; et il suffit qu'une vibration quelconque augmente celle de leurs molécules. La phosphorescence se manifeste alors par des lueurs différentes, selon l'intensité du mouvement que l'on provoque par la friction, par la percussion ou par la chaleur.

Il existe des corps sur lesquels il suffit d'un léger frottement pour en faire jaillir une lueur plus ou moins vive. Telles sont certaines variétés de sulfate de zinc. D'autres ont besoin d'une friction assez forte, comme la plupart des cristaux et quelques marbres. La percussion détermine des effets analogues, surtout chez les matières clivables. Chaque fissure devient lumineuse pendant qnelques instants ; et, lorsqu'on les broie dans un mortier, la masse entière paraît en feu. Tous les corps manifestent sans aucun doute les mêmes phénomènes lumineux, sous l'influence d'une vibration extérieure ; et, si notre œil ne peut les percevoir, ce n'est que par suite de l'impressionabilité fort limitée de notre nerf optique.

La friction et la percussion déterminent chez plusieurs minéraux de puissantes vibrations électriques, plus ou moins durables. Chez d'autres apparaissent les phénomènes magnétiques. Certains minerais de fer sont même naturellement animés d'une vibration de cette nature, tandis que d'autres corps sont les points de départ de mouvements chimiques. Le platine combine plusieurs gaz. L'or et l'argent en feuilles très minces, la pierre ponce, la porcelaine, le verre, le cristal de roche agissent échauffés comme l'éponge de platine. De telles énergies attestent que ces substances renferment une sorte de foyer de mouvements que nous pouvons comparer à la chaleur latente.

L'activité propre aux molécules corporelles est attestée par le métamorphisme géologique. Nous trouvons là maints exemples des modifications profondes que les minéraux opèrent dans leur structure intime. « Lorsqu'on a vu, écrit Beudant, les calcaires terreux ou compacts, à l'approche de roches en fusion, se remplir de substances diverses qu'ils ne contiennent plus à une certaine distance, se charger de magnésie en se fendillant de toutes parts, et se changer en dolomie, comme ailleurs ils se changent en gypses; lorsque les argiles schisteuses, les matières arénacées, sont converties en jaspes divers, se chargent de mica, d'amphibole, et prennent les caractères du gneiss, des schistes micacés et talqueux; peut-on trouver étonnant que la plupart des géologues actuels adoptent l'idée de changements complets opérés dans un grand nombre de dépôts de sédiments? »

Mais c'est particulièrement lors des changements subits d'état que les corps solides révèlent leur énergie latente. Leurs mouvements s'effectuent souvent d'une manière rythmée, qui a pour ainsi dire quelque chose d'organique. M. Plateau, au moyen d'expériences fort délicates, obtint un certain nombre de figures géométriques, par la seule action des énergies moléculaires livrées à elles-mêmes. Cette initiative appartient si bien aux molécules que, lorsqu'une puissante secousse les désagrège, elles acquièrent aussitôt les propriétés des corps sphéroïdaux. M. Magrini, ayant soumis de petites bandes d'étain à de fortes décharges électriques, remarqua que les particules métalliques dispersées se groupaient en petits filaments très fins. Souvent, du point de l'explosion, ce savant vit partir de longues traînées de couleurs cuivrées qui témoignaient du mouvement rectiligne particulier, non seulement aux atomes, mais à toutes leurs associations sphéroïdales. On le constate chez les bolides et les comètes, comme lorsqu'on étudie les phénomènes de caléfaction.

L'oxygène nous fournit encore une des plus remarquables preuves de l'activité des agglomérations d'atomes. Il suffit, pour éveiller chez les molécules de ce gaz une puissance latente, de les soumettre à certaines influences. La décomposition de l'eau par la pile, quelques décharges électriques, la présence d'une substance résultant d'une désagrégation organique, ou possédant, comme le phosphore, une vigoureuse vibration moléculaire, produisent ce résultat. L'oxygène jouit alors, au plus haut degré, du pouvoir oxydant, pendant un temps encore indéterminé. A la température ordinaire et par le simple contact, il oxyde l'argent réduit en poudre, et le résultat de cette action n'est pas seulement le protoxyde, mais le peroxyde, que les moyens les plus puissants de la chimie suffisent à peine à produire. L'oxygène prend le nom d'ozone lorsqu'il est animé de ce mouvement particulier, susceptible d'accélérer les mouvements vitaux, quand il apporte son concours aux organisations végétales et animales.

Si l'on fait passer de l'ozone, préalablement desséché, dans un tube incandescent, il se dépose de l'eau dans les parties froides de l'appareil. Quelques savants en ont conclu que ce gaz contenait de l'hydrogène; mais cette hypothèse est insoutenable, car, lorsque l'ozone a engendré de l'eau et perdu, par cette transformation de force, son énergie caractéristique, on peut la lui rendre en le faisant traverser par un certain nombre d'étincelles électriques. Cette admirable expérience est pour nous concluante, et nous fait assister à l'une des actions primordiales de la substance. Elle explique non seulement que l'eau se forme directement dans le sang, mais encore l'apparition des eaux cosmiques.

Les matières organiques conservent presque toutes la vibration particulière à l'ozone. En vertu de cette puissance, la levure de bière transforme le suc du raisin; le gluten, la diastase, les globules sanguins, la salive, etc., décomposent l'amidon. Il n'y a pas une plante qui ne contienne une substance capable de décomposer l'eau oxygénée; il est à noter qu'une forte vibration de nature différente, celle que produit par exemple la température de l'ébullition, transforme ce pouvoir appelé catalytique.

Comme aucune force n'est jamais perdue, ces substances, engendrées par l'ozone, ont à leur tour la propriété d'ozoniser l'oxygène; et, sous l'influence des matières catalytiques que les graines contiennent, ce gaz acquiert la faculté d'agir encore comme oxydant. Toutes les semences cessent de pouvoir germer quand elles perdent cette énergie particulière à leur ferment; et, partout où il y a oxydation, il existe une de ces substances agissant spontanément, et nécessaire au développement de l'ozone et des actes vitaux. L'oxygène de l'air actuel a donc besoin, pour agir, d'une impulsion communiquée tantôt par les secousses électriques, tantôt par les activités organiques encore existantes; et il est probable qu'une puissante vibration lumineuse engendrerait le

2.

même résultat. Mais quelle ne devait pas être l'explosion phénoménale qui accompagna les premières périodes de l'existence terrestre, alors que l'air qui nous entoure possédait encore le mouvement aujourd'hui particulier à l'ozone? Comment se rendre compte d'une énergie génératrice qui devait être universelle?

Nous savons du moins que, malgré l'équilibre presque général sur notre planète, où se trouvent aujourd'hui les atomes associés, l'activité qui leur est inhérente se manifeste d'une façon constante, aussitôt que la possibilité d'action se présente. Chaque espèce minérale possède un mouvement moléculaire qui lui est propre. Provenant de l'identité de vibrations spéciales, chacune d'elles doit avoir une influence considérable sur les mouvements particuliers aux molécules d'une autre nature. Lorsque deux corps différents sont réunis et lorsque leurs mouvements sont complémentaires, il y aura donc apparition d'une association de molécules fusionnant les deux premières.

Le fait se produit toutes les fois que le milieu permet à ces deux mouvements de se confondre en une résultante et de se révéler par une seule situation phénoménale; et il existe toujours une corrélation nécessaire entre la forme d'un minéral et sa composition. C'est ce qui a lieu dans la cristallisation, quand un corps passe de l'état liquide à l'état solide. Chaque molécule vient se grouper d'elle-même, comme si elle obéissait à une sorte d'instinct; et nous citerons ce nouvel exemple de l'influence à distance des atomes et par suite de leurs associations les unes sur les autres.

Toutefois ce n'est pas chez les corps solides, liquides ou gazeux que nous devons trouver les plus nombreux témoignages de leur indestructible activité, mais chez la cellule vivante.

CHAPITRE IV

LA CELLULE

M. Schleinden, puis M. Dutrochet, ont établi d'une
manière irréfutable que tout végétal est formé par un
assemblage de vésicules juxtaposées, se déprimant plus
ou moins en grandissant dans les espaces qu'elles occu-
pent, et prenant ainsi la forme polyédrique. Chacune
de ces vésicules ou cellules a une vie propre comme un
organe clos, et une vie de relation comme partie inté-
grante de l'organisation générale à la fonction de
laquelle son incorporation l'enchaîne. Mais cette solidarité n'éteint nécessairement pas les aptitudes indivi-
duelles de la cellule : aptitudes toujours prêtes à se manifester, quand des circonstances favorables en fournissent l'occasion. M. Turpin a en effet démontré que les
cellules peuvent devenir des germes reproducteurs et,
bien qu'identiques, engendrer par association n'importe
quel organe de la plante.

Telle est également l'origine et la composition [des
tissus animaux. M. Gruby a reconnu que les corps vivants ont tous pour point de départ une cellule typique,
et M. Virchow établit définitivement l'unité cellulaire
de toute organisation.

La cellule est donc la partie active des plantes et des animaux ; car la vie ne réside pas dans telle ou telle partie, mais partout au même titre et au même degré. L'embryon est une communauté d'éléments semblables, une fédération d'abord indéfinie, où bientôt chacun d'eux adopte un rôle spécial pour la durée de l'ensemble auquel leur propre conservation devient subordonnée ; et l'importance de chaque organe résulte de cette spécialisation.

« Un être vivant est une pluralité, écrivait Gœthe avec la pénétration du génie. Même en tant qu'individu, l'être reste une réunion d'êtres distincts qui sont égaux par la puissance, mais qui peuvent devenir inégaux par leur manifestation.... Plus la création est imparfaite, plus les parties se ressemblent ou sont égales, et plus aussi elles ressemblent à l'être total. Plus la création devient parfaite, plus les parties deviennent dissemblables. Plus les parties se ressemblent, moins elles sont subordonnées les unes aux autres. La subordination des parties dénote une création plus parfaite. »

Aussi quel n'est pas l'embarras du savant lorsqu'il lui faut bien définir ce qu'il entend par individu ? En botanique, par exemple, les uns le voient dans la plante totale, les seconds dans les branches, les troisièmes dans la feuille ou le bourgeon, les quatrièmes dans la cellule, dont l'organisation est particulière à chaque type végétal. Il y a des plantes qui consistent en une cellule unique, d'autres qui n'en sont que de simples rangées ; dans d'autres encore, ces cellules se groupent en systèmes. Toutes se propagent par le développement d'une cellule bourgeonnante qui devient le point de départ d'une fédération nouvelle. Où est l'individu typique, si ce n'est la cellule ?

Chez les animaux, la question n'est pas plus résolu-

ble. Quelques-uns, simples agglomérations de cellules
sans apparence de destinations organiques, se partagent
en tronçons ; et ces fragments continuent à vivre de la
vie qui est propre à ces agglomérations ; car aucun
organe n'est encore nécessaire à la conservation de l'ensemble. De tels animaux ne sont, à vrai dire, que des
juxtapositions ayant une certaine universalité fonctionnelle ; mais où, toutes les cellules agissant d'une manière analogue, aucune n'est indispensable à la fédération. Ce n'est que plus tard, aux échelons plus élevés de
l'échelle des êtres, que cette universalité d'action disparaît et que les fonctions de chacune se déterminent.

L'amibe est une petite masse glutineuse, transpa-
rente, et d'une forme variant incessamment d'un ving-
tième aux deux cinquièmes d'un millimètre. Il glisse,
se déforme, selon les besoins de la locomotion, passant
partout, se moulant à tout, comme une goutte d'huile.
Il ne possède ni bouche ni estomac, car chacune de ses
cellules constituantes conserve une existence propre et
se nourrit individuellement. Il s'accole au corps dont il
veut se repaître, animal ou végétal microscopique. Il se
prolonge tout autour, l'emprisonne entièrement, ainsi
que le ferait un estomac mobile, le désagrège et l'absorbe. Si sa proie contient quelques parties non diges-
tibles, il l'expulse par un point quelconque de cette
enveloppe stomachique, dont le déchirement se ferme
et disparaît.

Nous avons donc ici une fédération de cellules conser-
vant chacune une identité absolue de fonction. L'opa-
line, infusoire de l'intestin de la grenouille, offre la
même simplicité. Ce sont des cellules toutes semblables
entre elles, remplissant une enveloppe garnie de cils
vibratiles, à l'aide desquels l'animal peut se mouvoir.
Tout ce qui entretient la vie pénètre à travers l'enve-

loppe, se répandant également dans toute la masse, qui bourgeonne de temps en temps ; et la cellule nouvelle, identique à celle qui l'a engendrée, devient, une fois détachée, le point de départ d'une autre fédération.

Il est impossible de classer toutes ces masses inorganiques parmi les animaux ou les végétaux. Ce sont, avons-nous dit, de simples agglomérations de cellules identiques pouvant être divisées en fragments qui continuent leur existence collective. D'autres fois, ce sont des êtres également constitués de cellules associées, mais ayant une vie d'ensemble bien déterminée.

Le jeune polype paraît d'abord éminemment simple, sorte de pied végétal, qui bientôt devient un canal nutritif sans ouverture extérieure. Comme la plante, il développe des bourgeons ; et chacun de ces bourgeons a une mission qu'il accomplit avec une activité propre. Les uns, semblables à des racines, s'allongent, se meuvent librement, et saisissent leurs proies qu'ils digèrent dans l'intérêt commun. D'autres servent au mouvement, d'autres encore à la propagation. Le tronc n'est rien sans les membres ; et les membres ne sont rien sans le tronc. On peut les isoler, et ils vivront, mais d'une vie toute autre ; car l'organisation fédérative de ces tronçons se modifiera, suivant les nécessités de cette existence indépendante pour laquelle ils ne s'étaient pas primitivement constitués. Ils vivront, parce qu'encore une fois chaque organe a une unité parfaitement distincte. Quelques cellules se détachent spontanément pour la reproduction comme celles qui constituent les spermatozoaires et les ovules chez les mammifères ; mais où est ici l'individualité?

Le lecteur remarquera cette appropriation des cellules, identiques cependant, aux différents organes de cette sorte de phalanstère, ayant chacun une vie propre,

pouvant s'isoler, et concourant tous à la vie commune.
Il est impossible de trouver un meilleur exemple des
organisations diverses qu'elles adoptent pour remplir le
rôle spécial qui leur est dévolu ; et toutes les attributions organiques que l'on observe, dans la série zoologique, sont analogues. Elles résultent du besoin de vivre
qu'éprouvent les cellules, et de la nécessité pour celles-
ci de s'associer dans l'intérêt commun, selon les milieux et les lois qui résultent de leur constitution typique.

On admettait autrefois trois modes de reproduction :
la gemmiparité, ou la reproduction par bourgeonnement ; la fissiparité, ou la reproduction par scission ; et
la sexuelle. Mais les études microscopiques ont conduit
la science à ne plus considérer les deux derniers que
comme les formes variées du premier, agissant soit à
l'intérieur, soit à l'extérieur des êtres vivants.

Toute cellule, puisant les principes de sa nutrition
dans les milieux ambiants, possède la faculté d'émettre
des bourgeons qui deviennent de véritables cellules
identiques à celle qui les a engendrées, et augmentent
la masse commune jusqu'à l'entière réalisation du type
qui doit fatalement résulter de l'organisation de tous
ces éléments constituants. De temps à autre, quelques-
uns de ces bourgeons se détachent et deviennent le
point de départ d'un nouvel être fédératif : telle est la
gemmiparité.

Parfois ce mode existe encore, lorsque déjà la génération sexuelle est développée. Pendant les premiers
temps de leur existence, les pucerons se reproduisent
par bourgeonnement interne; puis, après quelques-unes
de ces générations gemminales, l'on voit les sexes apparaître, ces animaux, bien qu'hermaphrodites, donner
naissance à des œufs, et de ces œufs sortir des petits

capables de se reproduire par ces deux modes. Dans ces
étages de la vie, l'élément mâle ne s'est pas encore développé ; bientôt il apparaît, confondu d'abord sur le
même être avec l'élément femelle, et, chez les animaux
plus élevés dans l'échelle zoologique, les sexes se sépa-
rent définitivement.

En coupant un hydre d'eau en un grand nombre de
morceaux, on obtient autant d'hydres nouveaux ; et,
pour que le phénomène n'eût pas lieu, il faudrait que
la division s'étendît jusqu'à la cellule typique. Or ces
animaux ont déjà la reproduction sexuelle ; et, de même
que nous venons de voir les puccrons, bien que bour-
geonnant intérieurement, avoir acquis le mode de génération actuellement le plus élevé, voici des animaux
dont l'unité organique n'a pas encore absorbé toutes
les activités de leurs cellules, et qui possèdent la reproduction sexuelle. Celle-ci existait tout à l'heure parallè-
lement à la gemmiparité ; nous la voyons ici accompa-
gner la fissiparité. A cet échelon de la série des êtres,
tout paraît donc confondu. La substance oscille entre
deux tendances ; et ce spectacle est un des plus instruc-
tifs que nous fournissent les sciences naturelles.

Les cellules des animaux supérieurs n'engendrent
plus de bourgeons propres à la reproduction que dans
un organe spécial, appelé ovaire chez la femelle et testicule chez le mâle. Lors donc que les cellules constituantes de ces êtres consacrent leur énergie individuelle
à l'harmonie de la fédération à laquelle elles appartiennent, la plupart perdent la faculté génératrice, excepté
quelques-unes qui se consacrent d'une façon toute spéciale à cette mission fondamentale. Il semblerait que la
substance, dans sa tendance perpétuelle vers une révélation plus élevée, divise ses forces pour mieux atteindre le but ; et nous la voyons répartir entre les dif-

férents organes les fonctions vitales nécessaires à la
conservation de l'ensemble. Mais, pour bien faire comprendre les admirables secrets de ces lois éternelles, il
nous faut suivre pas à pas les phénomènes qui se manifestent lors de l'apparition des infusoires.

Leur genèse dans les liquides est toujours précédée de
la désagrégation de matières organiques dont les cellules constituantes deviennent libres. Celles-ci sont animées d'un mouvement spontané, se recherchent et se
groupent, selon le milieu où elles se trouvent et le
mode qui doit résulter de leur organisation, tant la substance paraît être poursuivie du besoin de se révéler et
avoir hâte de produire. Les diverses parties de l'animalcule se composent chacune à part, puis confondent leurs
individualités dans l'unité finale qu'elles bâtissent pièce
à pièce; mais, par suite d'une modification du milieu,
l'on voit souvent l'être total se disjoindre tout à coup;
chaque cellule recouvre son indépendance et s'em-
presse vers d'autres fédérations. Il est impossible d'expliquer ces évolutions sans reconnaître aux atomes et à
leurs premières associations l'attribut de l'instinct.

Aux premiers temps de la macération, les cellules
devenues libres vivent à l'état de suspension. Le microscope le plus puissant ne découvre absolument rien
dans les liquides qui les renferment. Ce n'est qu'après
quinze ou vingt heures, si la température est propice
et si l'atmosphère contient de l'ozone ou quelque autre
principe catalytique, que l'on voit apparaître à la surface
des associations cellulaires sphériques n'ayant aucune
organisation apparente. Ces corpuscules restent éloignés
les uns des autres, comme si leurs cellules constituantes,
une fois engagées dans un tourbillon vivant par l'action sphéroïdale, se repoussaient mutuellement. Mais
bientôt, sans avoir grossi sensiblement, encore telle-

ment petits que les plus forts grossissements ne les font apparaître que sous la forme de points à peine visibles, après avoir sans doute opéré un travail interne qui les modifie profondément, ils s'agiteront, agiront selon leur instinct, se rechercheront et s'associeront les uns avec les autres, d'après l'énergie particulière de leur constitution typique.

Tous les auteurs sont d'accord sur ces points. « Chacune de ces cellules primaires, écrivait Bory de Saint-Vincent, représente une individualité jouissant d'une vie propre qu'elle peut perdre en se groupant avec d'autres cellules identiques, pour contribuer à la production d'un être plus élevé. » — « Que l'on place, dit M. Dumas, un fragment de chair animale ou d'une matière analogue, dans de l'eau, et que l'on abandonne le mélange à lui-même, on observera bientôt, au moyen du microscope, une foule de petits globules dans le liquide; et l'on pourra se convaincre aisément que chacun d'eux est doué d'un mouvement spontané. Le diamètre de ces petits êtres, qui paraissent propres à réaliser la haute pensée des molécules organiques de Buffon, est absolument semblable à celui des globules élémentaires qui constituent la fibre musculaire. Ils sont, par conséquent, aussi petits que les plus petites particules organiques qu'il nous est permis d'observer; et cependant ils jouissent d'un mouvement volontaire ou au moins d'un mouvement spontané. »

« En continuant l'observation, ajoute ce savant expérimentateur, on aperçoit bientôt deux de ces globules vivants, s'accolant l'un à l'autre de manière à produire un être nouveau, plus gros, plus agile, et capable de mouvements mieux déterminés que ceux que l'on observe dans les simples globules. Ce composé binaire ne tarde pas à attirer à lui un troisième globule qui viendra

se réunir aux précédents et se souder intimement avec
eux. Enfin un quatrième et un cinquième, et bientôt
trente ou quarante se trouveront accolés et consti-
tueront un animal unique, doué de mouvements puissants, énergiques, et muni d'appareils locomoteurs plus
ou moins compliqués; enfin un être dont l'organisation
repousse au premier abord toute idée d'une génération
aussi simple que celle dont on vient d'offrir l'histoire. »

La vivacité de ces animalcules est telle qu'ils fran-
chissent en peu d'instants de grands espaces compara-
tivement à leurs volumes. Mais cette existence indépendante est de peu de durée. Il leur faut ou acquérir une
vie nouvelle par une autre fédération, ou périr; et, dans
ce cas, leurs cadavres s'entasssent à la surface du liquide.

Lorsque les circonstances sont favorables, au lieu
d'assister aux associations primaires, le micrographe
voit tout à coup la surface du liquide se peupler d'une
immense quantité de longs vibrions, ayant une individualité des mieux caractérisées. Ils apparaissent brus-
quement avec toute leur longueur et peuvent, par
suite de cette condensation cellulaire aussi subite que
spontanée, se multiplier par scission. Ils se désagrègent
et se dissolvent parfois tout à coup; mais, le plus souvent, ils périssent, et leurs cadavres vont rejoindre ceux
des autres animalcules; ils contribuent à former une
couche de débris vitaux, dont la puissance génératrice
va devenir d'autant plus grande qu'elle renfermera un
plus grand nombre de ces débris amoncelés.

Tel est le mode de fédération des cellules à l'état
libre, qui ne peut franchir certaines limites fort res-
treintes. La substance paraît avoir besoin, pour l'accomplissement de son œuvre, de concentrer ses forces, et
nous citerons quelques-unes des évolutions bien autre-

ment considérables dont les macérations sont le théâtre.

Après quelques heures d'expérimentation, nous venons de voir qu'il se forme à la surface du liquide une pellicule que le microscope distingue à peine et qui bientôt devient assez homogène. Cette membrane est évidemment constituée par l'accumulation d'un certain nombre de cellules, auxquelles viennent s'ajouter les cadavres d'animalcules de l'ordre le plus infime que plusieurs d'entre elles avaient formés par fédération spontanée. D'autres animalcules sont bientôt engendrés par les premiers rudiments de cette pellicule, à laquelle on a donné le nom de proligène, parce qu'en ces circonstances elle joue le rôle d'un véritable ovaire.

Au fur et à mesure que cette pellicule se développe, les êtres qu'elle engendre deviennent plus importants; et leurs cadavres, venant tour à tour augmenter son épaisseur, lui communiquent ainsi une énergie capable de produire des ovules d'une organisation de plus en plus élevée.

Lorsque les granulations de cette membrane deviennent bien apparentes, le premier indice de genèse résulte de l'influence qu'un certain nombre de ces granules exercent vis-à-vis des autres, et consiste en de petits amas qui se forment de place en place, à des distances à peu près égales. Quelques savants ont supposé que cette concentration était due à l'attraction d'une cellule centrale seule active; mais il est certain que la vitalité réside dans la masse entière. En effet, l'être futur commence le plus souvent par déterminer sa circonférence et se révèle, dans toute son étendue, par des granulations un peu plus serrées que dans la pellicule. Tout autour de ce tourbillon vital existe au contraire une zone plus claire; et il y a autant de ces zones, dont les limites sont encore indécises, qu'il y a d'ovules en voie de formation.

Peu de temps après que s'est effectué dans la pellicule proligène le groupement des premières cellules, on voit apparaître un autre ordre de faits biologiques, indice de plus en plus évident de l'œuvre incessante qui se poursuit. Après une vingtaine d'heures, et parfois moins selon la température, le nouvel être opère sa délimitation définitive. L'ovule a désormais sa forme et représente une sphère parfaitement nette, dans laquelle les cellules qui n'étaient précédemment que concentrées se sont disséminées d'une manière à peu près uniforme. Mais bientôt elles opèrent des groupements inégaux selon les organes qu'elles doivent constituer.

Comparons maintenant ces phénomènes avec ceux qui se manifestent dans les ovaires d'animaux pris dans toutes les classes.

L'histologie nous démontre que, chez tous, les premiers linéaments des ovules n'ont aucune adhérence avec l'appareil matériel qui les produit, et qu'ils se forment au milieu d'un liquide granuleux sécrété dans les cavités de ces appareils. Ils sont spontanément constitués par la fédération d'un certain nombre de ces granules et restent flottants au milieu de ceux-ci pendant quelque temps. Wagner l'a fort bien remarqué chez les lapins; et Dugès le signale chez les insectes. N'ayant donc aucune connexion avec la membrane qui sécrète le fluide où il se forme, l'ovule ne peut en être considéré comme un développement anatomique. Il apparaît d'une façon parfaitement indépendante au milieu d'un blastème ou d'une substance conjonctive en apparence tout à fait liquide; et tous les physiologistes sont d'accord sur ce point.

« Rien n'existant que des matériaux liquides, écri-

vent MM. Littré et Robin, on voit ces matériaux se
réunir presque subitement les uns aux autres, en une
substance solide ou demi-solide. La genèse des ovules
est caractérisée par ce fait que, sans dériver directement d'aucun des éléments qui les entourent, ils apparaissent de toutes pièces par générations nouvelles à
l'aide du blastème fourni par ces derniers. » En d'autres termes, les cellules typiques, engendrées par bourgeonnement et détachées des membranes de l'ovaire,
agissent librement dans le liquide qui les tient en suspension; et l'ovule provient de leur fédération spontanée. L'unité vitale est la conséquence nécessaire de cette
fédération; et l'organisation particulière du nouvel être
résulte de celle des cellules qui l'ont constitué.

Si la production d'un ovule dans la génération des
mammifères est indépendante de la mère et dérive de
l'activité personnelle des granules flottant dans le
liquide sécrété par l'ovaire, nous ne voyons pas pourquoi certaines macérations abondantes en cellules indépendantes n'engendreraient pas des ovules d'une organisation correspondante. L'un des premiers, M. Pouchet a comparé la pellicule proligène à un véritable
blastème, formé de cellules organiques et, par cela
même, parfaitement apte à devenir le théâtre des phénomènes génésiaques. L'analogie la plus complète
existe d'ailleurs entre ces faits, et tous les travaux des
embryologistes l'attestent avec la plus incontestable
évidence. C'est la même nuance claire qui isole l'agglomération centrale. De part et d'autre, les molécules se
groupent absolument de même et en vertu de la
même loi.

La seule différence, c'est que les ovules des macérations résultant de l'association de cellules dues à la
désagrégation d'animalcules fort différents tout au

moins de forme, ne peuvent générer que les êtres
les plus infimes, tandis que les autres, provenant
de la fédération de cellules bien supérieures, toutes
semblables et situées dans un milieu approprié, ont
une organisation telle qu'ils peuvent reproduire exactement l'animal générateur. Les bourgeons détachés d'un
ovaire sont en effet toujours identiques aux cellules de
l'animal et le renouvellent par association.

Le type sera donc persistant. Dans une macération,
il ne peut nécessairement en être ainsi. Non seulement
l'ovule résulte ici de la composition éminemment variée
de la pellicule, mais encore des milieux si divers et si
inconstants où le fait se produit. Ces derniers ont la
plus grande influence, et c'est pourquoi l'on ne voit
dans certaines macérations que de simples bactériums,
tandis qu'en d'autres circonstances apparaîtront des
êtres tout différents.

L'embryologie nous fournit encore bien d'autres
preuves de l'activité instinctive des fédérations cellulaires
d'atomes. Coste a prouvé que la matière granuleuse,
destinée à la formation d'un embryon, se sépare
d'abord en segments sphériques sans structure apparente. Chacun de ces segments se convertit en vésicule,
par une sorte de coagulation de sa couche superficielle;
et toutes ces vésicules, d'abord indépendantes, se ran-
gent spontanément par ordre, ainsi que les pierres d'un
édifice, se nourrissent, par l'assimilation de leur contenu et du liquide ambiant, et constituent enfin, par
leur assemblage volontaire, un tissu cellulaire [1].

1. Lorsqu'on observe à l'aide d'un fort grossissement une goutte
d'eau à l'état sphéroïdal, et contenant une poussière impalpable,
on remarque comme des segments qui se forment spontanément
dans la masse. Cet effort vers l'organisation est très fugitif; mais
il n'en est pas moins probable que, si le sphéroïde était situé

C'est ce réseau, primitivement uniforme dans toutes ses parties, qui doit, par ses transformations, accomplir l'organisation fédérative contenue en puissance dans les cellules typiques. C'est cette toile vivante qui, par un simple dédoublement de sa paroi, donnera naissance aux organes les plus complexes. Pendant un temps assez long, elle n'a ni appareil circulatoire, ni système nerveux; et pourtant elle introduit dans ses cellules closes les matériaux nécessaires à sa nutrition. Elle les dirige, à travers ses cloisons imperforées et par endosmose, vers les points où se concentre le travail de bourgeonnement; là, elle se transforme tantôt en surfaces absorbantes, tantôt en appareils sécrétants, ailleurs en instruments de dépuration, sur d'autres points en chambres pulmoniques, et enfin en substance minérale, dernier terme de toute vie.

Avant aucune distinction organique, la masse est donc composée de cellules identiques et parfaitement indépendantes ; mais, peu à peu, toutes se placent d'elles-mêmes là où il est nécessaire et dessinent une sorte d'ébauche de l'être futur : les contours d'abord, puis ceux des organes transitoires qui devront servir d'appareil fonctionnel au fœtus. Aucun tissu n'est encore distinct ; et cependant, dans ce canevas vital, est indiqué, pour ainsi dire au trait, le plan de l'embryon dont l'organisation ne se révèle pas d'emblée et ne se détermine que selon les besoins.

Les cellules flottent primitivement dans le tourbillon vital qu'elles constituent, puis se groupent d'après le but à atteindre et la possibilité d'action, et révèlent bientôt toute la puissance que comporte leur organisa-

---

dans certains milieux que nos moyens actuels d'expérimentation ne peuvent fixer, cette ébauche d'activité vitale ne serait pas stérile.

tion typique. De tous côtés à la fois elles agissent instinctivement, et se multiplient parce que le bourgeonnement est une des lois fondamentales de leur nature.
Elles se réunissent en un tout harmonique, car elles ne
peuvent vivre qu'associées. Depuis les premiers temps
embryonnaires, elles ont spécialisé les fonctions de chacune et ne peuvent plus, dès lors, se reproduire avec la
totalité de leurs aptitudes que par l'intermédiaire de
l'être collectif qui les résume toutes en son unité.

Seule, l'organisation intime des cellules constituantes
détermine donc l'être futur ; et, ces différences étant
insaisissables par le microscope, nous ne pouvons nous
étonner si Kölliker considère les ovules comme absolument semblables dans toutes les espèces.

Celui des animaux inférieurs est complet, c'est-à-dire
qu'il contient en lui-même toutes les forces nécessaires
à son entier développement. M. Pouchet a reconnu
que, avant la segmentation du vitellus des lymnées, celui-
ci était rempli d'animalcules dont l'agitation incessante
rappelait celle des spermatozoaires des mammifères.
Mais le plus souvent, les phénomènes génésiaques sont
séparés ; et la dualité des sexes résulte d'une sorte de
dédoublement. Les mâles et les femelles possèdent chacun un organe spécial chargé d'engendrer par bourgeonnement une partie des éléments nécessaires à la
constitution définitive de la cellule typique ; et, chez les
hermaphrodites, les deux productions sont fournies par
le même organe.

On comprendra maintenant ce que sont les spermatozoaires. Les animaux supérieurs, avons-nous dit, n'engendrent plus de cellules bourgeonnantes propres à la
reproduction que dans l'ovaire et le testicule. Chez la
femelle, ces cellules, s'associant, organisent l'ovule. Chez
les mâles, elles s'associent également en un animalcule

3.

qui se met spontanément en quête de ce qui lui manque pour réaliser ses aspirations vers l'être. De même que, dans l'intérêt de leur fédération générale, les cellules se partagent les fonctions vitales et spécialisent leurs énergies dans le développement d'organes particuliers ; de même ici la faculté génératrice a éprouvé non seulement une localisation déterminée, mais une subdivision. L'homme n'est une unité que joint à la femme ; et rien ne peut donner aux liens du mariage un caractère plus élevé.

Le spermatozoaire est donc une fédération de cellules engendrées par l'organe qui nous est particulier, et dont quelques-unes s'organisent en cils vibratiles, par la nécessité de mouvement qui se manifeste dans l'animalcule. C'est un être spécial aux membranes viriles et qui, livré à lui-même, ne peut que vivre un certain temps sans aucune modification organique. Mais, en contact avec un ovule, il le pénètre et lui communique ce qui lui faisait défaut : les éléments concentrés chez le mâle. Par suite de cette addition complémentaire, les cellules de l'ovule acquièrent une activité différente, se disjoignent, se reconstituent avec ces nouveaux éléments, et se placent spontanément, là où il est nécessaire pour la réalisation du seul être dont cette fusion comporte le développement. Mais il est évident que, pour que le phénomène puisse se produire, il faut que les cellules du spermatozoaire soient complémentaires de celles de l'ovule qu'elles envahissent ; en d'autres termes, qu'elles soient engendrées par le même type organique ; et toute copulation entre animaux d'espèces différentes ne peut donc être que stérile.

Il en est absolument de même dans la fécondation végétale. Si l'on fait germer un grain de pollen, c'est-à-dire si on le place dans une atmosphère chaude et humide, les cellules s'humecteront ; et, l'humidité rendant possible les mouvements internes, elles agiront et bourgeonneront. La matière qui en résulte se répandra au hasard, par la seule raison qu'elle s'est développée. Mais il suffit de placer ce germe sur un stigmate correspondant pour qu'immédiatement l'action se régularise et pour que les efforts de la masse se dirigent vers un but constant.

Chez les cryptogames, un grand nombre de cavités s'ouvrent au dehors. Les unes renferment des ovules qui ne peuvent se convertir en embryon que sous l'influence de la fécondation. Dans les autres apparaissent des anthéridies contenant des anthérozoïdes doués de mouvement. Ces derniers sont formés par des filaments en spirale pourvus de cils moteurs et d'une vésicule composée de petites cellules qui se répandent. Le fil en spirale n'est évidemment qu'un organe de transport, et la véritable partie fécondante est la petite masse plasmique, portée jusqu'au voisinage des ovules.

L'étude des floridées nous révèle un autre mode de fécondation qui peut être cité comme le meilleur exemple de la spécialisation des cellules typiques d'une fédération, car les organes sont ici parfaitement indépendants les uns des autres et agissent tous dans un but commun. Les corpuscules sortis des anthéridies ne sont que de petits corps cellulaires, arrondis et dépourvus de cils comme de mouvements propres. Un filament allongé vient les chercher et, par un tube intérieur, les conduit vers les cellules femelles, placées à son autre extrémité, déterminant ainsi la formation de cellules complètes, et par suite le développement des cystocarpes. Ce sont ici les spores qui vont à la recherche des anthérozoïdes.

Les spores des algues et des conferves, dont M. Thuvet a découvert les cils moteurs, ne contiennent que des

cellules mobiles, prêtes à toutes les évolutions et animées d'un mouvement uniforme de rotation. Les cellules mâles ne communiquent donc pas le mouvement,
puisque les ondulations giratoires existent déjà ; mais
elles apportent des éléments différents, et il résulte de
leur mélange une activité nouvelle qui détermine la
formation des cellules complètes. Ce sont ces dernières
qui bâtiront l'être futur, dérivant nécessairement des
deux éléments complémentaires qui l'ont engendré.

Nous touchons ici aux lois les plus mystérieuses de la
vie. L'embryon des échinodermes peut se partager en
deux parties parfaitement symétriques ; et les polypes
offrent des exemples identiques. Chez les animaux supérieurs et chez l'homme, nous retrouvons également les
traces d'une dualité primitive dans les traits les plus
profonds de l'organisme, dans la disposition des os, des
nerfs et de l'énervation. M. Dareste a démontré que le
cœur résulte de deux blastèmes distincts, bien que réunis. L'embryon a deux cœurs ; et cet état se modifie dès
la première époque de la vie fœtale. Aussi quelques
physiologistes ont-ils pensé que ces phénomènes sont
la conséquence de la division primordiale de l'ovule fé-
condé en deux segments, l'un mâle et l'autre femelle.
Le sexe du fœtus résulterait de la prépondérance de
l'un ou de l'autre de ces segments, dans la fusion qu'ils
opèrent bientôt entre leurs organes réciproques. La dualité
originelle de tout embryon serait donc la cause de l'her-
maphrodisme, puis des sexes, selon que telle ou telle
faculté domine dans l'être définitif.

CHAPITRE V

Nous sommes conduits à nous occuper du problème si controversé des générations spontanées. Tout le monde est d'accord aujourd'hui pour reconnaître que les milieux actuels ne permettent pas aux atomes équilibrés dans les associations minérales de manifester leur énergie par les phénomènes vitaux. Jamais l'eau, chimiquement pure, n'engendre la moindre cellule. Mais on sait que, si cette eau renferme, au contact de l'air, quelques débris végétal ou animal, elle ne tardera pas à tenir en suspension une foule d'animalcules capables de se reproduire. Les hétérogénistes admettent que cette production résulte de l'action de toute substance organisée. Les panspermistes soutiennent que l'air conserve perpétuellement en suspension une immense quantité de germes de toute nature, et que l'apparition des animalcules ne provient que de la chute dans le liquide d'un grand nombre d'entre eux.

Les deux opinions ne sont fausses que dans ce qu'elles ont d'exclusif. Il est certain que l'air contient un nombre considérable de germes, ainsi qu'une foule de particules organisées, le plus souvent d'origine végétale. Ces germes, comme ces particules, une fois tombés dans un milieu propice, s'agitent, bourgeonnent, se recherchent; et, en vertu de l'énergie qui leur est inhérente, s'associent selon ce milieu. Toutes les cellules d'ailleurs sont des germes, et nier leur pouvoir serait nier tous les phénomènes vitaux. Le fait peut se manifester tout aussi bien pour les molécules provenant de l'air que pour celles qui résultent de la désagrégation dans le liquide des corps organisés qu'il contient. Les deux opinions sont donc vraies, puisque l'une ne peut l'être que parce que l'autre l'est également; et, loin de se contredire, elles se complètent et se prouvent mutuellement.

On ne peut admettre que l'immense quantité de cryptogames qui apparaissent partout où se trouvent d'anciennes associations cellulaires en voie de désagrégation, résultent tous de cellules spéciales que l'air avait tenues en suspension, et qu'il soit saturé des innombrables espèces de germes différents qu'il devrait contenir.

L'isaria felina ne se développe que sur les excréments du chat, le monilia penicillus que sur ceux de la souris, l'isaria arancarum que sur les cadavres des araignées. Selon Schweinitz, l'isaria crassa ne se rencontre jamais que sur la chrysalide de certains papillons nocturnes, et l'isaria truncata que sur leur larve. On connaît un gros champignon qui ne se développe que sur la queue d'une chenille. Faut-il donc supposer que la nature a encombré de séminules toute l'atmosphère, pour que, à un moment donné, quelques-unes de celles-ci envahissent le cadavre d'un papillon ou d'une chenille? Plusieurs espèces de conferves n'apparaissent que sur certains poissons, morts ou malades. Faudrait-il aussi supposer que l'Océan est surchargé de sporules attendant pour ainsi dire leur sol au passage? Il y a un cryptogame qu'on ne voit que sur les futailles de nos celliers. Un autre n'apparaît que sur les gouttes de suif tombées dans l'intérieur des mines.

Comment les panspermistes expliqueraient-ils la présence des cryptogames que l'on rencontre soit dans la profondeur des tissus des grands animaux, soit dans les cavités parfaitement closes qu'offrent leurs organes? Non seulement l'introduction de leurs séminules est absolument impossible, mais ils ne se montrent que sur des surfaces déjà malades et en voie de désagrégation. Nous avons tous trouvé des moisissures dans l'intérieur des oranges et des pommes, lorsque ces fruits commencent à s'altérer. Les œufs en contiennent souvent. Harting parle d'un champignon qui s'était développé dans la fibre ligneuse d'un arbre. Ce parasite était nécessairement spécial à ce singulier milieu et constituait une espèce particulière de nictomices qui n'ont jamais de spores et ne peuvent se reproduire.

Tous ces végétaux résultent soit de la fédération de produits pathologiques, soit de celle de quelques cellules détachées par la maladie ou la mort des organismes, et qui s'associent selon leur nature et le milieu exceptionnel où ils se trouvent. Nous en citerons un autre exemple.

Lorsque, par suite d'une vitalité locale exagérée ou de la diminution de l'énergie unitaire, les cellules constituantes d'un animal n'obéissent plus complètement aux lois qui les régissent, elles acquièrent une indépendance fatale dont la conséquence est l'apparition d'êtres parasites, se nourrissant au détriment de l'être qui, de sa propre substance, fournit les éléments de leur développement. Elles s'associent en fédérations secondaires qui attestent jusqu'à la dernière évidence que la formation de tous les tissus et de tous les organes résulte de la vitalité qui leur est propre. Tantôt ce sont des tissus nerveux qui se développent dans un muscle ; tantôt c'est une matière analogue à la pulpe cérébrale qui apparaît dans diverses parties du corps, mais sans direction, sans raison d'être, selon que la possibilité d'action donne carrière dans tel ou tel sens à l'activité cellulaire.

Le premier, Fleischmann soupçonna la vérité et ne vit dans les tumeurs que des parties organiques qui auraient été normales, si elles s'étaient développées à la place qui leur était assignée par le plan fédératif contenu en puissance dans la cellule typique. Ce savant démontra que certains polypes des muqueuses sont les reproductions accidentelles des glandes lymphatiques. Il constata que ces formations toutes rationnelles, mais soustraites par un emplacement anormal à la pondération des forces vivantes, se trouvaient acquérir une existence propre d'une intensité sans frein, et engendraient ainsi des corps pathologiques.

Kluge alla plus loin. Il remarqua que certaines tumeurs se distinguaient par une vitalité périphérique, et les autres par une sorte d'individualité unitaire. Chez les premières, le système vasculaire, situé à la périphérie de la tumeur dont il forme l'enveloppe, donne naissance à une sécrétion interne plus ou moins active ; et nous remarquerons que le système vasculaire, véritable membrane plasmatique, agit absolument de même dans la formation du fœtus. Chez les secondes, le développement a lieu du centre à la circonférence, par suite de l'activité de la matière exsudée qui s'organise pour cette existence toute d'exception. Ces tumeurs renferment une circulation particulière et un cœur qui peut entrer en communication endosmotique ou directe avec la circulation générale.

Les premières sont donc celles dont les éléments sont analogues à ceux du corps normal; et, chez les secondes, ces mêmes éléments ont acquis une existence parfaitement indépendante; mais toutes, dans leurs causes comme dans leurs effets, dépendent de l'être qui les subit et dont les lois organiques réagissent sur leur développement. En effet, les cellules de toute fédération, relevant d'un même type, ne peuvent engendrer, lorsqu'elles s'isolent accidentellement, que des associations semblables à celles qui auraient été produites si elles étaient restées entraînées dans le tourbillon unitaire. Chez l'homme, certaines tumeurs peuvent renfermer des poils, jamais de plumes. Les oiseaux ont au contraire des tumeurs à plumes, jamais à poils; car, dit M. Virchow, « le type, qui régit la formation et le développement de l'organisme, régit la formation et le développement de la tumeur. »

Bien qu'appartenant encore à un être vivant, les cellules agissent donc, dans certains cas, comme à l'état libre. Nous les voyons s'associer en animalcules spéciaux; et les parties malades environnantes ne peuvent être comparées qu'aux membranes plasmatiques de nos macérations. Il en résulte toute une série de productions particulières aux milieux où elles se sont formées, telles que les échinocoques, les acéphalocystes et les cœnures, qui apparaissent spontanément dans l'intérieur des tumeurs. Le fait est même si fréquent que ces dernières passent toutes aujourd'hui pour être entézoairiques.

Nous citerons un dernier exemple de l'activité individuelle des cellules. Tout le monde connaît la distinction établie par les physiologistes entre les tissus actifs et les tissus passifs; or rien n'est plus instructif que la propriété commune à ces derniers de pouvoir être greffés, et que la facilité avec laquelle ils se régénèrent et se transforment. Dans la greffe végétale, on opère sur un être tout entier, le bourgeon. Aussi les cellules qui le constituent peuvent-elles exécuter tout leur développement typique. Il n'en est pas de même de la greffe animale, qui ne peut avoir pour résultat que la continuation du genre d'activité dévolu à une masse cellulaire, selon la place qu'elle occupait dans la fédération dont elle faisait partie.

Une fois greffés, les tissus passifs perdent en effet leur connexité évolutive avec les autres parties de l'ensemble auquel ils appartenaient, et ne peuvent donc se développer qu'au hasard du bourgeonnement cellulaire. Ils grossissent d'abord par leur propre activité et par la juxta-position des produits de ce bourgeonnement. Mais, bientôt, ils sont entraînés dans le nouveau tourbillon vital auquel ils sont annexés et perdent la spécialité histologique qu'ils possédaient. Ils cèdent, pour ainsi dire, à l'influence du voisinage, et opèrent en eux-mêmes une métamorphose qui les transforme en tissus analogues à ceux dans lesquels ils sont greffés. Il en résulte qu'ils ne peuvent l'être sur un corps composé de cellules d'une organisation fort dissemblable, car, dans ce cas, il leur est impossible de s'assimiler au nouveau milieu ; et il serait intéressant de tenter la plantation d'un tissu passif humain sur un anthropomorphe.

Les tissus actifs ne peuvent être greffés, parce qu'ils ne résultent pas, comme les passifs, d'une simple vitalité cellulaire, mais du mouvement particulier qui depuis la période embryonnaire entraîne leurs cellules dans un tourbillon spécial, indispensable à la constitution de l'être total dont ils ont été détachés. Isolés, ils n'ont plus leur raison d'être. Ils ne s'étaient élevés à une haute manifestation fédérative qu'aux dépens de l'individualité de leurs cellules, dont les énergies étaient comme confisquées au profit d'une résultante supérieure. Chacun sait que les tissus les plus actifs, tels que les réseaux nerveux, ont une substance cellulaire insensible. Lenr vitalité n'en est pas moins prodigieuse; M. Bilbroth a signalé la rapidité de la cicatrisation des vaisseaux et des nerfs.

Si les cellules composant ces tissus continuent de vivre après avoir été greffées, ce ne pourrait être dans tous les cas qu'en recouvrant leur individualité. M. Vulpian a planté des fragments de nerfs qui, après avoir dégénéré en tant que nerfs, ont ensuite vécu d'une façon toute fibreuse. Les tissus actifs ne peuvent donc continuer à vivre en ces circonstances que comme tissus passifs.

Nous ne pensons pas avoir besoin de prouver plus longuement que toute vie réside dans la cellule, tourbillon d'atomes doué de mouvements spéciaux. Par suite de la puissance acquise par l'association, cette cellule engendre des bourgeons avec lesquels elle se fédéralise pour constituer des êtres collectifs, ou qui se détachent pour devenir de nouveaux centres de mouvements. L'animal provient donc de la réunion de cellules particulières à chaque espèce, qui bâtissent par des bourgeonnements successifs la fédération qui leur est nécessaire. Il résulte du développement d'organismes d'abord indépendants, mais qui, pour durer et se reproduire, se fusionnent en un tout harmonique. Depuis le polypier jusqu'à l'homme, l'animal est engendré par une fédération de plus en plus unitaire ; et l'activité de l'ensemble n'est que la conséquence de ces forces associées.

Au fur et à mesure que nous montons dans la série des êtres, l'union se dessine davantage, et se détermine par le ralliement en un seul système de tous les centres nerveux afférents à chaque partie. L'unité qui en résulte s'affirme définitivement, lorsqu'elle devient finalement subjective dans l'esprit humain. Mais n'oublions pas que cette unité toute relative n'est que la condition de durée de nos cellules constituantes, par suite de l'organisation qui leur est particulière. Elles ne peuvent exister et se reproduire qu'en se groupant selon le type humain; et toute l'individualité, comme toute la vie de notre être, réside en elles, uniquement en elles.

Les actes vitaux sont sans doute soumis aux lois de la physique et de la chimie, et les atomes ne peuvent agir que selon les lois générales qui règlent toutes leurs situations; mais il ne s'ensuit pas que le fait de la vie soit purement mécanique. Si l'on ne commence pas par reconnaître l'existence du sphéroïde vivant, spontanément actif par suite de l'impérissable puissance de ses éléments constituants, si l'on n'admet pas que cette énergie se modifie, selon la possibilité d'être, et se spécialise dans les fédérations cellulaires, la vie sera toujours inexplicable. Il resterait toujours à savoir comment les organismes se combinent de manière à constituer un ensemble qui agit, sent et pense. Il y a là une action collective dont les cellules sont les éléments nécessaires; et notre corps ne peut exister, se développer et se réparer que par suite de cette pluralité biologique. Son unité est la résultante de l'activité de toutes les parties qui doivent avoir à la fois quelque chose de commun, la cellule typique, et quelque chose de particulier, la spécialité organique.

L'ancienne physiologie se débattait entre les mille contre-sens qui résultent de ce qu'elle appelait tour à tour force vitale, force plastique, âme, archée, etc. Le nombre même de ces hypothèses atteste combien sont

nombreuses les objections que l'on peut opposer à chacune d'elles. Toutes ont en effet le même vice fondamental
qui est de séparer la force de l'étendue, de diviser la
substance et de faire de la vie une sorte d'entité, ani-
mant, en vertu d'une union mystique, un certain nombre de molécules supposées inertes. Autant vaudrait
dire, par exemple, que le magnétisme est une puissance
occulte qui, par suite d'une intervention inconnue, vient
animer le fer d'une énergie qui lui est étrangère.

Selon Dutrochet, la vie est une exception temporaire
aux règles générales de la nature, une suspension
momentanée et accidentelle des lois physiques et chimiques, lesquelles finissent bientôt par l'emporter.
D'autres font de la vie la propriété de certains corps, de
certains tissus, et la supposent répandue dans l'être vivant
comme la pesanteur l'est dans la matière. D'après ces
physiologistes, il existe donc quelques corps qui, outre
leurs propriétés générales, sont susceptibles de s'irriter,
de se contracter et de sentir. Tel est le système de
Haller, de Bichat et de quelques disciples : système rationnel, si ses partisans voulaient admettre que toute
substance possède la puissance nécessaire à la manifestation de ces phénomènes et que, si les minéraux
n'en sont plus doués, ce n'est que par suite de l'équilibre
particulier existant entre les molécules qui les constituent.

En opposition à cet organicisme, ainsi appelé parce
que, selon cette doctrine, la vie est inséparable des
organes vivants, s'élèvent Barthès, Fouquet, Dumas,
Lordat, etc., qui lui objectent l'unité du tourbillon
vital. « Comment, disent-ils, expliquer l'harmonie de
tout organisme, et l'unité de cette innombrable quantité de tissus, si la vie n'est qu'une force diffuse? Ne
faut-il donc pas reconnaître une force unique qui a
formé les organes, les conserve et les répare? »

Nous répondrons à ce vitalisme que, la vie ne résidant que dans les cellules, c'est dans l'action des cellules qu'il faut chercher la cause de l'unité qui présidera à leur fédération. Ce sont elles qui bâtissent l'être total qui doit prolonger leur durée par une existence commune et les perpétuer par la génération. Tout être vivant résulte de leur association instinctive, comme elles-mêmes résultent de l'association non moins instinctive de quelques éléments primordiaux. Chaque type cellulaire engendre des fédérations parfaitement caractérisées; et tous les savants reconnaissent, qu'en ces circonstances, le point de départ de toute action réside dans les propriétés de la substance.

M. Bouchut classe ces propriétés en trois groupes : 1° l'impressibilité, c'est-à-dire la propriété de sentir sans organes et sans conscience aucune de l'impression reçue; 2° l'autocinésie, ou la propriété qu'a cette matière de se mouvoir sans organes de mouvement; 3° la promorphose, ou le pouvoir de prendre une forme particulière et de tout conduire, comme sciemment, pour réaliser les types divers. M. Bouchut accompagne ce classement d'observations nombreuses, tendant toutes à établir les actions spontanées de chaque espèce de cellules.

Bien plus, M. Huet écrit dans *La science de l'esprit* : « A l'instinct et à la faculté d'être impressionnée, toute partie organique, toute molécule vivante joint une dernière propriété qui complète son existence. D'une part, elle a son unité et elle la sent, ce qui constitue une espèce d'amour de soi, de sens interne de sa propre conservation; d'autre part, elle a ses liaisons naturelles également senties avec les autres éléments organiques, ses sympathies et affections internes, et même ses affinités et ses répulsions à l'égard des corps extérieurs,

comme elle le montre à leur contact. Au lieu d'une
molécule, prenez un organe qui a aussi le sens interne
de son unité propre ; et les mêmes effets vont se produire
sur une grande échelle. Prenez enfin l'organisme entier,
avec son unité dominant la hiérarchie des organes et
des fonctions ; et vous aurez, avec le sens interne général et, pour ainsi dire, le moi animal, les phénomènes
plus complexes de sympathies, d'affinités et de répulsions au dedans et au dehors qui, se mêlant aux pen-
chants instinctifs et aux représentations centrales, manifestent la plus haute puissance de la sensibilité
affective. »

De l'aveu de ces penseurs, le corps humain est vivant
par lui-même et n'a besoin, pour agir, penser et vouloir,
pour être en un mot, d'aucun secours étranger. L'entité
appelée force vitale, âme, archée, forme plastique, etc.,
est donc un de ces mots vides de sens proposés pour
expliquer ce qu'on ne comprend pas ; et il appartient à la
science moderne de laisser cette chimère aux époques
scolastiques qui nous l'ont transmise. Le sujet des sensations sera toujours et uniquement la cellule vivante.
L'action lui appartient au même titre que la réalité ; et
toute intervention de force extérieure deviendrait un
obstacle à l'accomplissement des lois éternelles. Partout les phénomènes se succèdent avec la nécessité de la
cause à l'effet. La puissance et l'exécution s'identifient ;
et cette puissance, latente dans l'éther, infinie dans ses
manifestations, appartient aux atomes, à cette poussière
intelligente, comme l'appelle Cicéron.

CHAPITRE VI

Toutes les cellules possèdent une sensibilité proportionnée au degré de puissance qui doit résulter de leur organisation typique ; et rien de plus instructif que de suivre la sensation dans ses développements, de voir poindre, en remontant la série des êtres, les premiers rudiments des phénomènes intellectuels.

« La sensibilité, écrit M. Luys, dont nous suivrons ici les remarquables travaux, est cette propriété fondamentale qui caractérise la vie des cellules. Elle commence à paraître avec les premières ébauches de la vie. C'est grâce à elle que les cellules vivantes entrent en rapport avec le milieu qui les environne, qu'elles réagissent *motu proprio*, en vertu de leurs affinités intimes mises en émoi, et témoignent de l'appétence pour les incitations qui les flattent et de la répulsion pour celles qui les contrarient. L'attraction pour les choses agréables, la répulsion pour les choses désagréables, sont donc les corollaires indispensables de toute organisation apte à vivre. »

Dans les êtres constitués par une seule cellule, tels que les grégorines, la sensibilité est également répandue dans la masse totale et se révèle par l'aptitude qu'ont ces proto-organismes à s'emparer de certaines subtances et à éviter celles qui les blessent.

Chez les végétaux, ces phénomènes prennent déjà des formes plus accusées et ne sont plus restreints à des opérations locales d'assimilation et de désassimilation. Même lorsqu'elles sont associées en petit nombre, les cellules végétales sont déjà sensibles aux influences des agents extérieurs, et les vibrations caloriques et lumineuses les impressionnent vivement. Tout le monde connaît le réveil et le sommeil des plantes. Quelques-unes replient leurs feuilles, tandis que d'autres enveloppent leurs fleurs. Les nénuphars retirent au fond de l'eau leurs corolles soigneusement fermées.

La sensibilité des végétaux est parfois excessive. Les étamines de l'épine-vinette, sous l'action du plus léger attouchement, se replient sur le pistil. Les plantes qui se nourrissent d'insectes sont plus impressionnables encore. La mimosa sent et réagit. Les sensitives ressentent, comme un animal, les inégalités de température ; comme lui, elles sont frappées d'anesthésie par les inhalations du chloroforme. La dépendance de leurs cellules constituantes les unes envers les autres est connue, et leurs radicelles et folioles sont reliées de telle sorte que, lorsque les premières viennent à subir l'action d'une cause irritante, les secondes sont atteintes et participent douloureusement à l'impression reçue [1].

Dans le règne animal, les cellules se groupant avec plus de solidarité, les phénomènes de la sensation deviennent plus unitaires. Chez les cellules protoplasmatiques, la sensibilité est encore simplement histologique ;

1. La vibration éprouvée par la cellule blessée est ici assez forte pour se transmettre aux cellules voisines, et pour atteindre, de proche en proche, l'extrémité de la plante.

elle s'accentue déjà chez les protozoaires, et l'on constate combien elle est inhérente à la totalité de leur substance. Chaque cellule est douée d'une activité égale, et indépendante de l'ensemble, sans qu'aucun groupe cellulaire soit encore destiné à rendre la sensibilité commune à la totalité de l'être. Mais, à mesure que les organismes se développent et que les fédérations de cellules deviennent plus peuplées, il se fait entre elles comme une sélection naturelle du travail biologique à accomplir. Les unes retiennent telle ou telle fonction, tandis que d'autres se réservent telle ou telle autre. Le travail se divise pour être plus parfait; et cette division instinctive des forces cellulaires constitue les premières ébauches du système nerveux.

« Il apparaît bientôt, dit M. Luys, comme un appareil de perfectionnement implanté dans l'organisme. C'est lui qui désormais, grand dispensateur de la sensibilité générale, est destiné à drainer toutes les sensibilités éparses, à régulariser leur cours, à les condenser dans ses réservoirs propres, pour les faire jaillir sous forme d'incitations motrices, ou les transformer, comme des produits perfectionnés de son industrie propre, en matériaux destinés à concourir aux phénomènes intimes de la vie psycho-intellectuelle. »

Chez les mollusques, un certain nombre de cellules nerveuses sont distribuées sans ordre et comme au hasard du bourgeonnement. Chez les articulés, elles se groupent en ligne droite ou en spirale et accompagnent le tube digestif. Chez les vertébrés, il n'y a presque plus qu'un seul centre nerveux, lequel est une longue tige, très renflée à son extrémité antérieure, et située derrière le tube digestif. Nous disons presque plus, car on trouve encore de petits ganglions, sorte de reliquat témoignant de l'indépendance primitive des organes. La marche ascendante de la série zoologique résulte donc de la réunion de plus en plus complète des centres nerveux.

A l'aide de conducteurs spéciaux, les impressions sensitives de toute provenance communiquent alors avec un organe, où elles deviennent l'élément générateur de l'unité. Les unes s'éteignent dans certains amas ganglionnaires interposés. Les autres s'éparpillent dans les régions grises de la moelle et se transforment en réactions excito-motrices. Ce sont les phénomènes de sensibilité inconsciente. Les autres enfin, douées d'une énergie particulière, poursuivant leur parcours, parviennent jusqu'aux cellules cérébrales et deviennent les éléments des opérations psycho-intellectuelles. Ce sont les phénomènes de la sensibilité consciente, et nous ne nous occuperons ici que de ces derniers ; mais il nous faut d'abord, le plus brièvement qu'il sera possible, rappeler au lecteur le mécanisme de cette admirable fédération de cellules nerveuses que l'on appelle le cerveau.

Elle est constituée par deux lobes intimement reliés entre eux et qui présentent : 1° des amas de substance grise composés de plusieurs milliers de cellules nerveuses disposés à la périphérie sous forme d'une couche mince appelée corticale, et dans les régions centrales sous forme de deux noyaux accolés l'un à l'autre : les couches optiques et le corps strié; 2° des agglomérations de fibres blanches composées de tubes nerveux juxtaposés, dont les uns relient les différents points de la périphérie corticale aux noyaux centraux, tandis que d'autres, allant d'un lobe à l'autre, réunissent les régions homologues du cerveau. Ces derniers sont les agents de l'unité d'action des deux lobes [1].

1. On trouvera ici une nouvelle preuve de la dualité primordiale de l'embryon.

La couche corticale est repliée un grand nombre de fois sur elle-même. Ces plis atteignent leur maximum de développement dans l'espèce humaine, et, chez l'adulte, on constate que les sommets des circonvolutions sont tous au même niveau. Il y a, en quelque sorte, uniformité de répartition de l'activité biologique de toute la masse. Mais, à mesure que le travail de la sénilité s'accomplit, des apparences diverses se révèlent. La couche corticale devient plus mince ; sa coloration tourne au blanc jaunâtre, et les circonvolutions s'effondrent par groupes isolés, si bien que la ligne qui joint les sommets devient interrompue. Un certain nombre d'entre eux sont en retraite par suite d'une résorption lente et progressive de la substance nerveuse. Les mêmes atrophies se rencontrent chez les individus tombés en démence. Suivant les races, la couche corticale est d'une épaisseur très variable, et plus ou moins abondamment répartie dans les régions antérieures.

Les couches optiques, en relation intime avec la moelle allongée, sont composées de quatre noyaux. Chacun d'eux est en connexion spéciale, par certaines fibres de la substance blanche, avec une partie déterminée des cellules corticales, si bien que, lorsqu'un de ces noyaux subit une dégénérescence quelconque, tous les phénomènes sensitifs, relevant de la partie de la périphérie qui est dans sa dépendance, se trouvent oblitérés.

Les couches optiques servent de point de condensation à chaque ordre d'impressions sensorielles, qui trouvent dans leurs réseaux un lieu de transformation. C'est là que celles-ci sont d'abord condensées, et transformées par l'action des éléments qu'elles ébranlent sur leur passage. C'est de là qu'elles sont envoyées dans les dif-

férentes parties de la couche corticale, sous une forme
nouvelle, pour servir de matériaux incitateurs à l'activité des régions supérieures. Chaque groupe de cellules
corticales est affecté d'une façon spéciale à la réception
de telle ou telle catégorie de vibrations, et son rôle,
dans l'ensemble des facultés mentales, dépend de sa
richesse en éléments nerveux.

Ainsi que les couches optiques, le corps strié est un
organe de transformation. Les premières modifient les
impressions reçues de la moelle et les envoient déjà
transformées aux cellules corticales. Le second reçoit
les incitations provenant de celles-ci et les répand
dans tout l'organisme. C'est dans l'intimité des réseaux
du corps strié que l'influx de la volition est reçu, au
moment où il émerge de la périphérie cérébrale. C'est
là que ce mouvement fait une première halte et qu'il
change de nature. Il entre alors en rapport avec l'in-
nervation irradiée du cervelet, et il n'est plus déjà le
simple stimulus purement psycho-moteur. Il se trouve
associé à un influx nouveau qui lui donne la force
somatique, et, mettant en branle les différents groupes
cellulaires de l'axe spinal, il va déterminer les mouvements du corps entier.

Supposons maintenant un ébranlement sensitif quelconque. Immédiatement, en suivant la direction de sa
voie naturelle, cette vibration met en jeu les activités
spécifiques de quelques cellules des couches optiques.
Celles-ci transmettent aux cellules correspondantes de
la couche supérieure les modalités dynamiques qu'elles
subissent. L'ébranlement arrive déjà modifié au dernier
terme de son parcours, s'amortit encore pour acquérir une
forme psychique en incitant les cellules corticales, qui
vibrent de la façon qui leur est propre, par suite de
leur organisation typique.

4.

Les impressions sensorielles se transforment ainsi en impressions persistantes, en idées dépendantes de leur provenance. Elles s'associent, s'anastomosent de mille manières les unes avec les autres, grâce au réticulum organique à travers lequel elles évoluent. Elles s'amplifient et se modifient en parcourant les différentes régions de cellules qui les tamisent; puis elles sont emportées et réfléchies au dehors sous forme de manifestations motrices volontaires, expressions plus ou moins directes du phénomène de la sensibilité.

Ces incitations, transformées en idées, ne le sont pas dans un lieu unique, dans un point d'élection, mais dans certains groupes de cellules corticales dont chacune a son individualité et ses attributions propres. Par suite des liaisons anatomiques qui relient ces cellules entre elles, une concordance parfaite existe entre les actions psychiques de tout cerveau bien équilibré ; et l'homme a conscience de cette unité, qu'il appelle le moi. L'acte de la motricité volontaire, par cela même qu'il met à contribution les différentes zones de la substance corticale, n'en est pas moins un phénomène complexe, synthétique, qui résume en lui-même les différents éléments dont l'ensemble constitue la personnalité humaine. C'est cette personnalité qui entre en jeu sous une forme somatique, et qui se manifeste par une suite d'actions réfléchies et coordonnées.

Les cellules nerveuses ont leurs périodes de croissance et de décroissance, et sont soumises à des phases alternatives d'activité et de repos. C'est le sang qui les fait vivre et sentir. Elles puisent dans ce milieu les matériaux phosphatés nécessaires à leur reconstitution et font face, par leur propre initiative, aux dépenses résultant de leur période d'action. Une fois pourvue des éléments nécessaires à sa nutrition, chacune d'elles devient apte à jouer le rôle dynamique auquel elle est destinée, phénomène qui se caractérise par une accélération des courants sanguins, et par un développement de chaleur locale dans les régions agissantes. Mais tout travail intellectuel est accompagné d'une déperdition de substance phosphorée[1]; il faut donc absolument que la cellule cérébrale, comme la cellule musculaire, répare et se repose. Aussitôt donc que l'action vient à se ralentir, aussitôt que s'épuise la sensibilité histologique des cellules corticales, leur énergie fonctionnelle diminue, et leur trame devient insensiblement exsangue. Le sommeil est la conséquence de cet état d'ischémie opposé à la phase d'activité congestive[2].

Nous ajouterons un mot sur la faculté que possèdent les éléments nerveux du cerveau de persister pendant un temps plus ou moins long dans l'état vibratoire où ils ont été mis par l'arrivée des incitations extérieures.

On sait que les vibrations lumineuses sont en quelque sorte emmagasinées par la plupart des corps, particulièrement par les corps appelés phosphorescents, et

---

1. M. Biasson a démontré que toute cellule corticale fonctionnant dépense ses matériaux phosphatés, et que ces reliquats de l'activité cérébrale, comme les excrétions physiologiques naturelles, se déversent au dehors de l'organisme, en passant par les urines, sous forme de sulfates et de phosphates, lesquels servent à doser chimiquement l'intensité du travail intellectuel accompli dans un temps donné.

2. Si l'on restitue artificiellement à la trame cérébrale d'un décapité les matériaux nutritifs qui lui font défaut, au moyen d'injections de sang défibriné, les signes de vie renaissent comme par enchantement, et l'on obtient des manifestations éphémères d'une perception consciente des choses extérieures. Sur la tête d'un chien familier séparée du corps, Brown-Séquard fit une injection de sang défibriné et oxygéné; et, au moment où l'injection de ce sang avait ranimé les manifestations de la vie, il appela le chien par son nom. La voix du maître fut entendue et reconnue. Les yeux de cette tête décapitée se tournèrent vers lui.

qu'elles peuvent persister longtemps, sur les feuilles de papier par exemple, à l'état de vibrations invisibles pour nos organes. Ayant conservé dans l'obscurité des gravures précédemment exposées à l'action des rayons solaires, Niepce de Saint-Victor a pu retrouver les traces de cette action plusieurs mois après l'insolation. Il s'agit si bien ici de la persistance d'un mouvement vibratoire qu'il s'affaiblit avec le temps et finit par disparaître.

Cette propriété que possèdent les substances inorganiques se retrouve, sous des formes nouvelles et appropriées aux milieux, dans l'étude des phénomènes dynamiques de la vie des cellules cérébrales. Elles aussi sont douées d'une sorte de phosphorescence que M. Luys appelle organique et sont capables de vibrer, d'emmagasiner des impressions extérieures, de persister dans l'état vibratoire où elles ont été incidemment placées, et de faire revivre longtemps après les impressions reçues. Ouvriers inconscients des manifestations de notre vie psycho-intellectuelle, elles conservent dans leur intimité organique l'écho des ébranlements passés, émettent isolément des souvenirs, comme les corps dégagent les ondes lumineuses qu'ils ont emmagasinées, et concourent simultanément à la production de la mémoire : phénomène admirable, qui n'est que la conséquence de l'organisation cérébrale, ou plutôt de l'activité incessante de la substance universelle.

Chez l'enfant, les cellules cérébrales sont mollasses, flexibles, vierges en quelque sorte de tout ébranlement antérieur. Aussi l'incitation sensorielle qui leur parvient s'y implante d'autant plus facilement qu'elle les trouve à l'état de viduité. Dans les premiers temps de la vie, le cerveau est en perpétuel travail de développement. Des éléments nouveaux s'ajoutent aux anciens, et de nouvelles forces coercitives entrent en fonction. Mais, à mesure que l'homme subit dans toutes les parties de son être les effets de l'âge, les cellules corticales participent à l'usure générale. Elles vieillissent histologiquement. Elles cessent d'être transparentes, et, perdant leur sensibilité, elles ne conservent plus les traces des impressions extérieures. La mémoire s'affaiblit progressivement et entraîne dans sa décadence l'obstruction des sentiments les plus vifs.

On constate alors chez les vieillards et certains aliénés que les impressions les plus récentes ne laissent aucune trace, tandis que les souvenirs anciens ont toute leur énergie. Les cellules cérébrales, altérées dans leur constitution intime, sont devenues incapables de vibrer à l'unisson des incitations qui viennent s'éteindre dans leurs réseaux, mais les anciennes vibrations persistent encore et témoignent de la puissance évanouie.

Les impressions sensorielles non seulement se concentrent dans les régions corticales du cerveau et se perpétuent par la durée de l'ébranlement produit, mais elles déterminent l'apparition d'autres phénomènes. Elles forment le fond commun d'anciens souvenirs accumulés depuis nos premières années. Ces souvenirs constituent les idées mères qui, vivant en nous d'une façon durable, ont acquis en quelque sorte une existence indépendante, par suite de la vitalité individuelle de telle ou telle cellule corticale. Nos idées ne sont donc que les reflets directs du monde extérieur, entretenus par la perpétuelle activité de notre cerveau ; et elles se renforcent sous l'influence des incitations nouvelles de même tonalité. C'est cet entretien de toutes les impressions habituelles qui constitue la permanence de nos sentiments et de nos idées.

Fouillez l'origine de chacune d'elles, décomposez-les
en leurs éléments, et vous verrez toujours qu'elles sont
réductibles à une impression sensorielle. C'est cette impression qui est le fond de toutes nos conceptions et
qui, sous forme de combinaison binaire, ternaire, qua-
tenaire, se dérobe aux premières recherches. Mais, pour
peu qu'on pénètre profondément, on arrive à la dégager
des additions qui la transforment.

Il résulte de ce qui précède que les processus de la
sensibilité, débutant par être de simples ébranlements
physiques, finissent par devenir une incitation vivante,
de plus en plus animalisée, par l'action propre des
milieux qu'ils ont mis successivement en action. Quelle
que soit leur provenance, ces ébranlements sont trans-
portés dans les réseaux du sensorium qui vibrent à
l'unisson de leur tonalité périphérique, si bien que toute
notre personnalité sentante est conduite, transportée
dans une région unique. C'est là que nos éléments sensitifs se condensent, se fusionnent en une unité qui
n'est elle-même que l'expression de la solidarité des
réseaux nerveux sous-jacents. C'est là que se trouve
opérée la synthèse de toutes nos sensibilités éparses.
C'est là que notre moi vit et sent [1].

Il est évident que si notre personnalité, au moment
où elle agit, trouve dans les régions mises en émoi des
éléments nerveux plus vivants et mieux coordonnés
dans leur agencement que chez une autre individualité,

1. On voit combien il est nécessaire d'appuyer la psychologie
sur les études anatomiques. La philosophie d'autrefois, sans s'in-
quiéter de savoir quelle est l'origine de la personnalité humaine,
et confondant par ignorance l'unité avec la simplicité, admettait
à priori l'existence d'une sorte de moi idéal, indépendant des
phénomènes cérébraux. La psychologie moderne a garde de
raisonner ainsi, et nous renvoyons le lecteur aux écrits si remarquables de MM. Herbert Spencer, Bain, Stuart Mill, etc.

elle sera par cela même plus fortement et mieux impressionnée. Servie par de meilleurs instruments, elle réagira d'une façon plus complète, fera ce que d'autres moins bien doués ne pourront pas faire ; ét c'est en vertu de ces conditions d'organisation naturelle que certaines individualités, au point de vue des opérations du jugement, comme de toutes les autres aptitudes intellectuelles, se révéleront supérieures aux autres, en raison de la supériorité de leur constitution organique.

Les régions cérébrales les mieux pourvues de cellules seront celles où les opérations intellectuelles seront le mieux et le plus rapidement accomplies. De là naîtront des compétences particulières, une disposition pour certaines études favorites ; de là vient que nous rencontrons des personnes accomplissant pertinemment tel ou tel travail intellectuel, et qui sont complètement inhabiles à juger sainement les questions les plus simples de la vie courante.

Quelles que soient les maladies du cerveau, on y retrouve toujours la disposition organique qui devait nécessairement dériver du groupement de ses éléments typiques. D'après M. Gratiolet, le cerveau dé certains idiots nommés microcéphales, dont le développement a été pour ainsi dire arrêté dès l'âge fœtal, présente déjà les caractères humains. Les cellules particulières à une race ne peuvent donc engendrer par leur fédération qu'un être bien déterminé, que nous retrouverons toujours, malgré ses dégénérescences ; mais, par suite, chacun des types humains n'est complet et ne manifeste toute sa puissance que lorsque l'essor en est normal.

Cela est si vrai qu'un cerveau de race inférieure bien équilibré engendrera des phénomènes intellectuels plus élevés que celui de race supérieure qui ne lui serait

semblable que parce qu'il aurait subi des atténuations.
Le cerveau d'une femme bojesmane offre un développement qui ne peut être comparé qu'à celui d'un blanc
idiot ; et cependant cette femme n'est pas idiote. Ce qui
est parfait chez les races primitives est imparfait chez
les modernes ; et ce qui est typique chez les uns résulte
d'une dégradation chez les autres. « Les nègres, ajoute
M. Gratiolet, les Bojesmanes, etc., comparés aux races
blanches, ne sont donc point des enfants arrêtés dans
leur développement. Ce sont des êtres achevés, des
races et des types. »

En résumé, tous les phénomènes que nous venons de
décrire ne sont que les formes diverses de la sensibilité.
C'est elle qui, diffuse dans les êtres unicellulaires, se
localise dans des organes spéciaux ; et tous les animaux
chez lesquels on découvre un système nerveux quelconque conservent les traces de plusieurs centres rudimen-
taires. La fédération, devenant de plus en plus unitaire, se
manifeste bientôt par les phénomènes intellectuels que
nous voyons être en rapport constant avec la grandeur,
la forme et la composition du cerveau.

Les animaux inférieurs agissent avec la précision de
leurs cellules constituantes et cèdent, comme des auto-
mates, à leurs incitations. Mais, en s'élevant dans
l'échelle de la vie, ces fédérations ont besoin pour se
conserver de facultés nouvelles ; elles ont besoin que
l'unité de toutes les sensibilités cellulaires les prévienne
des dangers, et elles agissent bientôt avec choix et dis-
cernement. Elles répéteront longtemps les mouvements
voulus, par une habitude traditionnelle, provenant de
la disposition particulière que l'organe de la volonté
finit par contracter, sous l'influence d'impressions peu
nombreuses, mais toujours identiques. De génération en
génération, ces mouvements acquéreront le caractère

instinctif qui les distingue à un si haut degré de la volonté consciente. Les animaux accomplissent donc bon nombre d'actes dont ils ne paraissent pas connaître la portée. Ils exécutent des travaux inutiles, comme les fourmis en automne, comme les castors captifs qui recueillent et disposent des matériaux dont ils ne feront aucun usage.

Il ne faut pas croire cependant que l'instinct soit invariable. Lorsque les conditions d'habitativité, qui ont déterminé par leur longue durée cet héritage fatal, viennent à se modifier, l'instinct se transforme dans la même proportion. S'il est un acte impérieux chez les oiseaux, c'est bien certainement celui de l'incubation. Or, il suffit d'empêcher les poules de couver, pendant plusieurs générations successives, pour obtenir une espèce qui en a perdu complètement le besoin. Par contre, de nouvelles habitudes de corps et d'esprit peuvent devenir traditionnelles. Certains gestes spontanés sont identiques chez le père et le fils ; et les dispositions innées, sorte d'atavisme intellectuel, n'ont pas d'autre cause.

Plus le développement organique se réalise, plus les sensations sont nombreuses et diverses, plus la part de l'instinct inconscient diminue, et plus enfin nous constatons d'actions libres qui supposent la réflexion et le jugement, qualités fondamentales de l'intelligence. L'instinct ne se trompe pas, puisque l'habitude n'a pu convertir en instincts que les actes les plus propres à la conservation de l'animal, ceux qui se sont répétés, pour ainsi dire, infiniment. Les actes conscients n'ont plus cette certitude ; mais ils sont libres ; et la sanction s'en trouve dans l'avantage, quel qu'il soit, qu'en retirent l'individu et sa race.

Tout être vivant possède la liberté, car ce n'est que par elle que les animaux peuvent se défendre contre

ROISEL. 5

les mille dangers de la concurrence vitale. Chez les espèces supérieures et quelques familles humaines, l'instinct et l'intelligence semblent s'équilibrer, mais, chez la plus grande partie de l'humanité, la liberté gouverne. La raison domine alors en souveraine, et fait taire non seulement les instincts, mais les passions et les besoins.

CHAPITRE VII

Nous avons dit que les plantes et les animaux ont pour cause plastique un nombre indéterminé de cellules identiques qui s'adaptent aux fonctions les plus diverses ; mais le besoin d'être est si impérieux chez la substance que, lorsque les changements de milieu ne sont pas trop considérables, les cellules opèrent en elles-mêmes des transformations organiques équivalentes ; et ces transformations deviennent typiques, lorsqu'elles sont léguées par la génération d'une manière constante.

Tout ce qui est acquis par une individualité est transmis à ses descendants, qui héritent de son organisation, comme de ses imperfections physiques. Les espèces zoologiques actuelles sont donc déterminées par les modifications lentes et successives, imprimées aux cellules primitives par les milieux, et les besoins nouveaux qui en résultèrent. S'il n'existait pas dans la substance une énergie sans limites, si la cellule ne contenait pas en elle-même la puissance latente nécessaire aux modifications futures, nous n'assisterions pas à la marche toujours ascendante que nous révèle la paléontologie. Bien plus, si la cellule, constituée pour vivre dans tel ou

tel milieu, était fatalement liée à une organisation particulière, si la substance avait engendré du premier jet
tout ce qu'elle peut et pourra produire, la plus légère
altération de ce milieu entraînerait l'anéantissement
de la vie ; et, dès la première heure, l'univers eût été
dépeuplé.

Nous savons au contraire que les organes naissent et
se modifient selon leurs conditions d'existence. Quelques-uns disparaissent ; d'autres se transforment. Les
fonctions remplies normalement par un organe qui vient
à être supprimé, sont exécutées par d'autres organes
dont la mission était toute différente. Si l'on enlève les
reins de certains animaux, l'urée s'élimine par le canal
intestinal. Un organe n'est donc pas toujours caracté-
risé par son usage, puisqu'il peut remplir des rôles
multiples, et cette faculté persiste tant que les fonctions
ne sont pas absolument localisées par la transformation si lente que subissent les espèces [1].

Le besoin modifie non seulement l'usage des organes, mais ces organes eux-mêmes ; et beaucoup d'animaux conservent les restes d'une constitution dont la
nécessité n'existe plus. Quand un type s'altère, il arrive
en effet que quelques organismes, devenus inutiles,
s'atrophient, mais ne disparaissent entièrement qu'après
une longue suite de générations ; et ces reliquats his-
tologiques témoignent de la succession des développements zoologiques.

Beaucoup de mammifères peuvent secouer leur peau ;
et le muscle moteur existe encore chez l'homme, bien que

---

1. M. Muller a prouvé que des organes d'une structure différente peuvent, par sélection naturelle, acquérir des fonctions
identiques ; et M. Donnel a même déterminé l'apparition d'un
nouvel organe dans les poissons électriques, par l'application de
la dérivation.

sans usage. Il en est de même des muscles pyramidaux, si développés chez les kanguroos, dont ils ferment la poche abdominale. Les épines du pubis, également sans usage, sont fortement représentées chez ces animaux par les os marsupiaux. Le muscle plantaire grêle, qui longe les jumeaux du mollet, fait l'effet d'un fil de soie qui accompagnerait un câble de navire. Inutile chez l'homme, ce muscle est chez le tigre, la panthère, le léopard, etc., aussi fort que les deux jumeaux, et contribue à rendre ces carnassiers capables de bonds prodigieux.

Le casoar et l'aptérix ont des ailes, mais si petites qu'elles ne servent absolument à rien. Chez certains reptiles, les membres avortent, et, dans l'orvet, restent cachés sous la peau. Les oiseaux sont munis d'une troisième paupière qui se meut horizontalement et défend l'œil contre l'impression trop vive de la lumière, sans intercepter complètement la vue ; or la caroncule lacrymale qui occupe l'angle interne de l'œil des mammifères est un débris de cette membrane. Dans les herbivores et certains rongeurs, le gros intestin présente un vaste repli en forme de cul-de-sac appelé cœcum. Chez l'homme, il est représenté par un appendice court et étroit, appelé vermiforme. L'excrément ne peut pénétrer dans cette petite poche, dès lors sans usage ; mais si un corps, tel qu'un pépin de raisin, s'y engageait, il en résulterait une inflammation suivie de perforation nécessairement mortelle.

Les organes avortés ont le même sens en botanique : organes sans fonction, mais qui relèvent du plan progressif et métamorphique de la nature. Un exemple entre mille : Les espèces dioïques proviennent toutes d'un avortement constant ; et les palmiers nains, si éminemment dioïques, portent parfois des fleurs herma-

phrodites, indice de l'état normal. Chez les animaux,
la séparation des sexes résulte de même d'un avortement constant ; et les organes atrophiés disparaissent
peu à peu. L'homme conserve cependant les mamelles
et la prostate qui ne peut être considérée que comme
un reliquat de l'organisme féminin.

Tant qu'un changement climatérique prolongé n'a pas
développé chez les cellules de nouvelles aptitudes, les
mêmes phénomènes se reproduisent nécessairement.
L'homme historique ne date que de trois ou quatre
milliers d'années ; nous ne pouvons donc avoir observé,
pendant cette période, aucune transformation considérable. La science a cependant constaté quelques altérations, légères sans doute, mais qui tendent chaque
jour à modifier les espèces ; et rien ne serait plus difficile aujourd'hui que d'en établir une classification bien
exacte.

Lorsque M. Batès décrit certains lépidoptères de la
vallée de l'Amazone, on le croirait témoin de la naissance de quelques races nouvelles. Chaque famille de
papillons varie avec les localités, et se rassemble en
troupes, au milieu desquelles on remarque souvent bon
nombre d'espèces différentes. Or les phalènes, dont la
structure diffère essentiellement de celle des hélico-
nideæ auxquels ils se joignent, contractent si bien les
habitudes de vie de ces derniers, qu'ils revêtent leurs
formes et leurs couleurs, et que souvent on peut à
peine distinguer les uns des autres. M. Batès a constaté
que chacune de ces espèces adopte le même genre de
nourriture ; et, selon les contrées, leurs modifications
sont parallèles. M. Walsh a en effet démontré les
conséquences de la nutrition, quant à la formation et à
la séparation de certains groupes d'insectes. M. Vallace
remarqua, de son côté, les mêmes transformations,

dans l'archipel Malais. Il observa une série de cas où la forme de l'aile du même papillon se modifie si considérablement qu'il en résulte un changement complet dans leur manière de voler, changement nécessité par le besoin d'échapper à une autre série d'insectes et d'oiseaux.

« On a prouvé, dit M. Carpenter, qu'il existe de nombreuses différences entre les orbitholithes, non-seulement par rapport à la forme extérieure, mais aussi quant au plan de développement ; et, non pas seulement quant à la forme et à l'aspect de l'organisme entier, mais aussi par rapport à la grandeur et à la configuration de ses parties constituantes. Il eût été facile, en ne choisissant que les types les plus divergents dans la série entière des spécimens que j'ai examinés, de les classer en autant d'espèces distinctes. Mais, après avoir classé tous les spécimens qui pouvaient être rangés autour de ces types, il en serait resté un grand nombre, présentant des caractères intermédiaires entre ceux de deux ou trois de ces types, combinant ces caractères dans les différentes parties de leurs structures, et prouvant ainsi qu'aucune ligne de démarcation ne peut être établie entre les diverses parties de la série, pour séparer définitivement cette série en un nombre de groupes, caractérisés chacun par des traits qui leur soient particuliers. L'étude de ces variations est si considérable chez les foraminifères qu'elle comprend, non-seulement les caractères différentiels que les hommes à système regardent comme spécifiques, mais aussi ceux sur lesquels la plus grande partie des *genera* de ce groupe ont été fondés, et même, dans quelques cas, ceux de ses ordres. »

Lorsque plusieurs sortes de fédérations peuvent dériver d'une organisation cellulaire déterminée, des animaux d'un aspect tout différent peuvent s'engendrer les uns des autres, soit par métamorphose, soit par génération. Ce phénomène se rencontre même dans les étages assez élevés de la vie ; et les helminthes, selon la nature des intestins où ils se trouvent, se présentent sous plusieurs formes.

Mais combien les classifications ne seraient-elles pas plus difficiles, s'il s'agissait des animaux situés au bas de l'échelle zoologique? M. Dujardin, un des naturalistes qui a décrit le plus grand nombre d'infusoires, considère même cette entreprise comme de toute impossibilité; et il avoue que la forme des paramécies, par exemple, est tellement variable que l'on est fréquemment tenté de les méconnaître. Gruithuisen affirme que, dans plus de mille cas, les microzoaires qu'il examinait se sont toujours présentés sous des aspects différents, dans les infusions de substance semblable, et lorsque les circonstances n'étaient pas identiques. Burdach assure aussi que ces animalcules harmonisent leurs formes avec le milieu dans lequel ils se trouvent placés. Ehremberg et Tréviranus n'ont même jamais pu obtenir d'infusoires de forme stable, dans des macérations cependant bien déterminées. M. Pouchet voyait à chaque instant apparaître et disparaître sans retour certaines espèces parfaitement distinctes; et il est rationnel de penser que les milieux ont d'autant plus d'influence sur les fédérations cellulaires que celles-ci ont moins d'homogénéité.

« Le micrographe, écrit ce savant expérimentateur, est frappé de la diversité morphologique des espèces qui se succèdent sous ses yeux; et celle-ci est telle, qu'il est extrêmement difficile et souvent tout à fait impossible de les déterminer. Quelquefois même, une multitude de formes apparaît dans une seule expérience. Ainsi, dans

une macération de quelques fragments d'un os humain
que j'avais rapporté des hypogées de Thèbes, et qui
avaient passé trois mois dans l'eau, j'ai vu s'offrir, à la
fois la plupart des vorticelles de notre faune française,
et en outre un grand nombre d'espèces que je ne sache
pas que l'on ait jamais représentées. C'était un monde
nouveau. »

Il ne faut, du reste, que comparer les planches d'Ehremberg et de M. Dujardin pour être convaincu que les
infusoires, quels qu'ils soient, subissent de perpétuelles
métamorphoses. Kutzing assure avoir vu des microzoaires se changer en végétaux inférieurs. Agassiz considère ces modifications comme destinées à élever
l'animalité, et pense que certaines espèces de paramœ-
cium et de bursaria ne sont que des planaires transformés. M. Gros croit également que les kolpodes se
métamorphosent en vorticelles ; et MM. Stein et Pineau
supposent que ces derniers, après s'être enkystés, deviennent tantôt des podophrys, tantôt des oxitriques.
Ehremberg s'est convaincu que douze espèces de Muller,
appartenant au genre vorticelle, ne sont absolument
que les divers états d'une seule et même espèce dont
Bory Saint-Vincent avait même formé plusieurs genres.

Aussi l'idée que l'on se faisait de l'espèce, en la considérant comme un assemblage d'individus se distinguant d'un autre assemblage par des caractères définis
qui, au moyen de la génération, leur auraient été
transmis par des prototypes invariables, n'est-elle plus
admissible. Nous venons de voir que la science signale
les modifications qui résultent aujourd'hui de circonstances à peine saisissables ; mais combien devaient être
plus considérables les changements occasionnés par les
perturbations dont les crises géologiques furent nécessairement accompagnées ! Les espèces alors existantes

ne furent jamais entièrement détruites par ces disloca-
tions formidables qui influèrent profondément sur la
nature des milieux. Ces cataclysmes n'étaient pas uni-
versels ; et les races habitantes des contrées voisines
n'en étaient affectées que par contre-coup. Quelques-
unes disparurent ; mais d'autres s'adaptèrent aux nouvelles conditions d'existence ; et il en advint une concurrence vitale différente qui, de transformations en
transformations, détermina l'équilibre actuel.

Quant à l'éclosion spontanée de types nouveaux, rien
n'est moins certain. Nous ne disons pas impossible, car
l'activité de la nature est infinie ; et il nous suffit de
constater qu'un infusoire peut se former de toute pièce
et tout à coup sous le microscope, pour que l'apparition
subite d'un animal situé au plus bas de l'échelle zoologique ne répugne pas à la raison. Si l'association de
cellules indépendantes se réalise sous nos yeux, rien ne
nous interdit de penser que, pendant ces périodes de
véritable genèse, des phénomènes bien autrement considérables se soient révélés. Les atomes n'ont pu constituer un vertébré spontanément, cela est indubitable ;
mais il put résulter de la fédération de cellules préexis-
tantes, profondément modifiées par d'aussi puissants
foyers de vibrations. Nous pouvons supposer le fait
comme dérivant de l'énergie perpétuellement active de
la substance.

Les lacunes entre les espèces se remplissent par la
découverte des variétés intermédiaires ; et, plus nous
étudions, plus la théorie des transformations devient
scientifique. Les organisations cellulaires sont si bien
dépendantes les unes des autres, par une filiation incontestable, que leurs fédérations relèvent toutes de la loi
qui présida, dès les premiers échelons de la série zoologique, aux réunions des plus simples d'entre elles.

Les animaux, si variés en apparence, doivent à cette loi une constance de structure qui établit leur parenté commune. « La nature, écrivait Condorcet en 1774, semble avoir formé les espèces et leurs parties correspondantes sur un même plan qu'elle sait varier à l'infini. » Lamarck enseignait également que les formes vivantes sont modifiées à l'infini, et que les espèces animales ne sont que les développements successifs du même type primordial. L'immortel Geoffroy Saint-Hilaire a posé les bases inébranlables de cette unité de plan de composition. La fixité réelle ne réside donc que dans l'analogie des organisations, dans une sorte de tendance unique dont les êtres ne sont que les modes divers, et qui eût été tout autre si les milieux qui ont déterminé les premières fédérations avaient été différents.

L'état présent de la faune terrestre résulte des changements graduels des milieux, et de la lutte incessante des espèces qu'ils ont successivement développées. On ne peut pas plus admirer l'harmonie de cette faune, que l'équilibre parfait qui règle l'amoncellement de pierres jetées au hasard. N'est-il pas évident que chacune d'elles se trouve à la place où nous la voyons, parce que la loi de la pesanteur a dirigé leur juxtaposition? Une autre chute aurait entraîné un autre équilibre. Les divers phénomènes de ce monde sont tels que nous les observons parce qu'ils ne pouvaient être autrement, par suite de l'action simultanée des forces de la substance, de la sélection et de la concurrence vitale. Toutes les races se disputent la nourriture. Toutes combattent pour la conservation et pour l'empire, et la faune actuelle résulte non seulement d'un héritage organique ayant le caractère de la fatalité, mais aussi de l'action volontaire des êtres vivants.

Les savants sont partagés sur la question de savoir si les races humaines proviennent d'une ou de plusieurs souches distinctes. Quelle que soit la doctrine qui doit triompher, ce n'est que lorsque les conditions d'habitativité des premiers séjours se furent modifiées, et quand les hommes se répandirent sous d'autres climats, que le type ou les types primitifs durent se transformer.

Nous voyons encore tous les jours les profondes altérations que subit notre race dans ses émigrations lointaines [1]. Il lui faut promptement se modifier, se croiser, ou disparaître. En certaines contrées, toute modification est même impossible, tant les conditions d'existence sont différentes.

Par quelle suite de transformations la race dont la carrière de Néanderthal nous a légué un débris n'a-t-elle pas dû passer, pour traverser sans encombre les innombrables milieux qui se sont succédé depuis les dernières alluvions apennines? Depuis quand le type primitif a-t-il disparu? Quel était-il seulement? Les plus anciennes langues gardent toutes les traces évidentes d'idiomes antérieurs ; et c'est à peine si nous connaissons les quelques derniers anneaux de la longue série qui se perd vers les époques tertiaires.

1. Les climats étrangers, même les plus analogues au nôtre, exercent tous cette pernicieuse influence. « L'acclimatation de la race européenne sur le sol des Etats-Unis, dit M. Lecouturier, est loin d'être complète : et la nation anglo-américaine, malgré les deux cents ans qu'elle a déjà passés sur ce territoire dont le climat paraît offrir tant d'analogies avec le nôtre est en pleine dégénérescence, au point de vue physique. Cette dégénérescence serait même si rapide qu'il suffirait d'un petit nombre d'années pour constater dans la population un nouveau pas vers la décadence. » Tout le monde constate en effet la différence notable qui existe entre un Anglais et un Yankee, mais, loin de trouver dans ce fait une preuve de décadence, nous y voyons les traces des modifications que la race anglo-saxonne subit pour s'équilibrer avec de nouveaux milieux.

Nous terminerons ici notre première partie ; et nous croyons avoir démontré expérimentalement que la substance manifeste son activité dès que la possibilité d'action se présente. En raison de la pondération parfaite où se trouvent les atomes dans l'océan cosmique, aucun phénomène ne témoignerait de leur présence, s'ils n'étaient pas impressionnés par des vibrations transmises. L'éther équilibré égale donc, en dernière analyse, le repos absolu. C'est la nuit primordiale, contenant en puissance toutes les réalités. Ce sont les ténèbres fécondes, commencement et fin de toutes les manifestations de l'absolu, sombre abîme d'où s'échappent les mondes, jusqu'au jour mystérieux où il en recueillera les débris.

Mais, aussitôt que les circonstances le permettent, ces éléments agissent spontanément et s'associent. Ils s'engagent dans des agglomérations sphéroïdales, dont le premier indice est une vibration lumineuse, suivie bientôt de l'apparition des eaux cosmiques. Selon M. Béron, notre globe n'était primitivement qu'une réunion sphérique de molécules aqueuses, précipitant à son centre les reliquats minéraux des phénomènes vitaux qui se développèrent à sa surface : cellule gigantesque dont toutes les parties étaient actives et qui engendra de ses propres éléments toutes les fédérations particulières. La conséquence de cette activité incessante est en effet l'apparition de la matière, de cet autre équilibre dont la rupture déterminerait également de puissants phénomènes cosmiques.

La substance se révèle donc à notre esprit par cinq modes nettement caractérisés : 1° L'éther ou les atomes de l'espace infini, qui, bien que possédant en puissance virtuelle tous les phénomènes, ne se manifestent par aucun acte. Ce sont les flots ténébreux des anciens, la nuit féconde, représentée sous la forme d'une femme voilée, le plus souvent noire, et portant un enfant dans ses bras. 2° L'ébranlement qui secoua çà et là l'énergie latente et détermina la vibration lumineuse d'une partie de l'étendue. Lumière incréée, feu artiste des Orientaux. 3° L'état sphéroïdal de la masse lumineuse, devenue aqueuse par l'activité de ses éléments. C'est l'œuf générateur, l'œuf d'or des Indiens, théâtre futur des révélations successives. 4° L'état phénoménal ou la période actuelle, personnifiée dans les théogonies anciennes par une divinité suprême. 5° La désagrégation de tout un groupe stellaire, et le retour de ses éléments à l'infini de l'éther, dans lequel ils attendront l'heure d'une activité normale. C'est le Nirvâna.

Pour expliquer scientifiquement l'existence et la variété des phénomènes, nous avons été conduits à admettre que la substance est constituée d'un nombre infini d'éléments appelés atomes, possédant les attributs nécessaires à leur causalité. La démonstration sommaire que nous allons en donner est la clef de voûte de toute philosophie rationnelle. Mais ce n'est pas assez d'étudier le problème d'une façon générale, il nous faut encore donner une réponse satisfaisante sur plusieurs questions accessoires, dont la solution est en quelque sorte une seconde épreuve à laquelle doit être soumise la doctrine que nous venons d'exposer. Nous sortons ici du domaine des faits pour entrer dans celui du raisonnement.

DEUXIÈME PARTIE

CHAPITRE PREMIER

LA SUBSTANCE

Une cause première n'a pas de cause antérieure à elle-même, car, s'il était possible qu'un principe quelconque lui fût supérieur, elle ne serait plus cause, mais effet. Sa propriété caractéristique est d'être éternelle, et son existence se conclut de celle des êtres contingents, puisque l'univers, considéré comme effet, doit avoir une cause qui contienne la raison de ce qu'elle produit et qui, n'étant pas produite, existe de toute éternité. Une telle cause se pose donc comme nécessaire, et ne peut pas ne pas être, de telle sorte qu'à côté de l'affirmation, la négation n'est pas possible. Cette qualification est ainsi la plus haute formule d'affirmation, puisqu'elle détruit la possibilité même de la négation, et ne convient qu'à la cause éternelle et à ses attributs [1].

La notion de cause ne s'attache pas seulement à

---

1. Il serait évidemment absurde de demander la raison de l'existence de cette cause, puisqu'on ne saurait donner d'elle une explication quelconque sans la détruire. Il n'y a pas d'être pensant capable de donner cette explication qui n'est pas, et la cause première de l'univers ne pourrait donner la raison de sa propre existence, attendu que son existence n'a pas de raison.

l'existence, mais à l'action. Pour être cause, il ne suffit
pas d'exister, il faut agir ; et, pour agir, il faut un premier rapport, c'est-à-dire deux ou plusieurs termes. Sans
cette condition, il n'y a pas d'action possible, car la raison de toute action est un rapport nécessaire. Une cause
simple et unique est en conséquence logiquement impossible, puisque, étant solitaire, il n'y a pas en elle, ni
hors d'elle, un second terme sur lequel elle puisse agir.
Avec son indivisibilité et sa simplicité constitutionnelles,
si l'on veut lui laisser l'existence, elle sera ; mais elle ne
sera pas cause. Elle ne pourra être ni active ni passive ;
le sujet et l'objet de l'action n'existent pas en elle ; et
la loi rationnelle de son être est un repos invincible et
absolu. L'attribut de la toute-puissance ne la sauve pas
de l'inaction, car, lorsque l'action est impossible, la
toute-puissance est nulle ; et, de même que la substance
ne pourrait s'anéantir, de même ne pourrait-elle agir
contrairement aux lois essentielles de l'action.

Si l'on ne peut demander l'explication d'une cause
première, il n'en est pas de même des effets qui dérivent de son existence, car la raison de tout effet doit
se trouver dans sa cause. Dès l'instant qu'une cause
produit un effet, cet effet implique un rapport entre sa
cause et lui, et tout rapport doit être rationnel. C'est
donc par l'étude des phénomènes contingents que nous
pouvons savoir ce qu'est leur cause et ce qu'elle ne
peut pas être, ce qui place celle-ci dans le domaine du
raisonnement. Nous n'avons ainsi qu'à nous occuper
du rapport de cette cause avec ses effets , pour la
connaître et la définir.

Comme dans tous les problèmes à résoudre, il y a
dans celui qui nous occupe un connu et un inconnu.
L'inconnu est la cause ; le connu est l'effet, c'est-à-dire
l'univers composé d'une innombrable quantité de

mondes et d'êtres corporels, composés eux-mêmes d'une infinité de principes élémentaires. Entre cet effet et la cause que nous cherchons, il faut un rapport logique que l'intelligence puisse saisir et comprendre, par lequel, en remontant de l'effet à la cause ou en descendant de la cause à l'effet, elle puisse connaître l'un par l'autre et réciproquement.

Or c'est de la réalité de l'univers, considéré comme effet, que nous concluons qu'il doit son existence à un principe substantiel et complexe, car c'est entre une telle cause et lui qu'il y a rapport logique de nature. C'est dans le nombre infini des atomes que l'on trouve la relativité nécessaire, raison suprême de l'action et de la puissance qui ne peuvent être conçues sans l'existence de plusieurs termes. C'est enfin dans une telle cause, dont les éléments possèdent tous les attributs nécessaires à leurs fonctions de causes, que l'on peut trouver la raison de tous les phénomènes et de leurs rapports.

Il importe de ne pas identifier l'idée de la simplicité avec celle de l'unité. Ces idées et les mots qui les expriment diffèrent essentiellement, comme les objets auxquels ils se rapportent diffèrent eux-mêmes par les caractères qui leur sont propres.

Ce qui est simple, en effet, ne peut contenir et ne contient aucune partie. Le simple ne peut être divisé, ni de fait, ni par la pensée, et se refuse à toute analyse. Ce qui est un, au contraire, peut contenir une certaine quantité de parties et même une quantité infinie de parties, liées par un rapport commun, par une propriété commune qui émane de leur nature ; et l'être un peut toujours être soumis à l'analyse, à laquelle il se prête par la multiplicité des termes qu'il renferme. L'idée d'un tout comporte donc l'idée de la complexité et, lorsqu'il s'agit de l'infini substantiel, l'idée de l'infinité des termes et de l'union qu'ont entre elles toutes les parties qui le composent.

Des êtres simples peuvent produire un être complexe en s'associant, en s'unissant pour former un tout. Mais un être simple et solitaire, pris en lui-même, ne peut jamais ni produire un être partiel dans lequel le caractère de l'unité se rencontre par le rapport harmonique de toutes les parties, ni à plus forte raison former l'univers, où ce caractère de complexité se trouve au suprême degré. L'idée de l'unité, telle que nous la définissons, exclut donc l'idée de la simplicité dans l'être un, comme l'idée de la simplicité exclut dans l'être simple l'idée de la complexité; et il est évident qu'on ne peut appliquer à l'être total, à la substance universelle, l'idée de la simplicité, et dire sans contradiction qu'elle est absolument simple.

Dominé par la conception synthétique qui est le point de départ de son système, Spinoza n'a pas compris que l'unité implique le concours, et par conséquent le nombre, et qu'en concevant la substance simple et indivisible il la rendait logiquement incapable de toute action, de toute génération d'êtres contingents. Il n'a pas aperçu que la simplicité et l'indivisibilité qu'il donnait à son principe ne permettaient plus de trouver en lui la raison ni le moyen de l'existence des individualités distinctes qui constituent dans leur ensemble le phénomène complexe de l'univers.

Ce n'est pas assez d'avoir reconnu l'éternité de la substance, il fallait encore pénétrer le secret de sa constitution nécessaire, pour y trouver la raison de son activité. Il fallait expliquer comment elle passait de son mode d'existence absolue au mode d'existence finie, et se manifestait par la forme dans l'espace et le temps.

Avec la constitution simple et indivisible que lui donne
Spinoza, la substance n'est rien autre chose qu'un
atome solitaire, dont l'étendue est infinie et qui occupe
à lui seul tout l'espace ; ou plutôt il n'y a pas d'espace,
et l'étendue devient indivisible, puisque l'être qui l'occupe est simple. Comme il n'y a rien hors de lui, il ne
peut y avoir en lui que lui-même, c'est-à-dire un simple
atome infini en étendue.

Quels que soient le nombre et la variété des autres
attributs qu'on lui donne pour le faire sortir de son im-
puissance, ces attributs sont, avons-nous dit, sans efficacité pour générer quoi que ce soit. Supposer qu'ils
changent la constitution originelle de la cause, c'est
tomber dans la contradiction, et dire que cette cause,
que l'on a conçue simple et infinie, détruit elle-même la
condition de son existence.

Pour avoir imaginé la cause première indivisible,
Spinoza en a donc fait un véritable atome dont la puissance et la science immédiate demeurent à l'état latent
et qui est incapable de rien produire, malgré l'infinité
de son étendue. Bien que son système repose sur une
vérité incontestable, l'éternité de la substance, il lui a
été impossible d'exposer une théorie plausible, fondée
tout à la fois sur le raisonnement et l'expérience, au
moyen de laquelle l'esprit pût passer sans contradiction
de la cause à l'effet.

La multitude infinie des êtres contingents, possédant
tous, avec des formes distinctes, des propriétés spéciales
en rapport avec ces formes, est restée un fait illogique.
A moins de se morceler à l'infini, ce qui est contraire à
l'hypothèse, la substance n'aurait jamais été en puissance de générer aucun de ces êtres qui ne peuvent
résulter que de l'association d'éléments susceptibles de
donner naissance à toutes les formes phénoménales.

Si, au lieu de procéder par la synthèse, Spinoza eût procédé par l'analyse, et s'il se fût rendu compte des conditions indispensables à la production de l'action, il aurait compris que la constitution de la cause ne pouvait être que multiple, et que son unité ne consiste pas dans la simplicité, mais dans l'identité de ses éléments. C'est de la forme qu'il aurait dû partir pour arriver à la notion vraie de la substance qui la produit, car toute cause première qui ne posséderait pas les attributs nécessaires à la manifestation de sa puissance ne sera jamais pour l'intelligence une cause réelle, donnant raison de ses effets.

Comme nous n'avons pas d'autre moyen que l'induction, et qu'il faut partir du connu pour arriver à l'inconnu ; comme les formes observables sont les seuls phénomènes qui soient connus et incontestables, elles doivent être les bases de toute recherche sur la nature de la cause. Sous peine d'en arriver à la négation absolue de toute chose, il faut trouver dans les attributs de la cause un moyen générateur, car, l'univers ne fût-il qu'une illusion, il faut encore une cause rationnelle à cette illusion. Même en réduisant la réalité des corps à la seule forme, il est impossible de ne pas arriver à reconnaître, dans la cause universelle, la nécessité d'une constitution multiple, en même temps que la nécessité de posséder pour attributs l'étendue, la force, et la connaissance immédiate de ce qu'elle doit produire pour toujours réaliser, selon la succession des milieux, tous les phénomènes possibles.

CHAPITRE II

Nous venons de voir que la substance est constituée d'un nombre infini d'éléments, nombre auquel rien ne peut être ajouté ni retranché. Ce que nous savons de l'atome, c'est qu'il est nécessairement doué des attributs indispensables à l'apparition des phénomènes. Il est la dernière partie divisible des corps, la première des unités simples, occupant la plus petite portion possible de l'espace ; car, quelque petit qu'il soit, il faut lui reconnaître une étendue quelconque, puisqu'il est le principe générateur de l'univers.

On lui refuse quelquefois cette propriété de l'étendue que l'on doit cependant lui reconnaître par induction logique ; et il nous faut réfuter ici l'objection fondée sur l'hypothèse de la possibilité de diviser la substance à l'infini, que quelques philosophes ont soutenue pour nier la réalité de l'atome.

Comme jamais savant n'a pu saisir et isoler un atome, et, par conséquent, n'a pu essayer de le diviser, cette supposition est tout d'abord absolument gratuite. En fait, l'indivisibilité des éléments primordiaux, inconnus dans leur essence, n'est pas plus prouvée expérimentalement que leur divisibilité. Mais quand les preuves directes font défaut, c'est par le raisonnement que les problèmes doivent se résoudre, et c'est une preuve de cette nature que nous fournissons en concluant de l'étendue observable des corps à l'étendue nécessaire des atomes inobservables, étendue attestée de plus par l'impénétrabilité des molécules corporelles, d'où il résulte que deux atomes ne peuvent à la fois occuper la même place.

Dès le début de ces études, nous rencontrons donc un premier mystère, et nous sommes en présence d'un dilemme qui ne peut être résolu que par les faits. D'un côté, nous admettons la possibilité de diviser une étendue, quelle qu'elle soit ; d'un autre, nous ne pouvons concevoir l'existence d'un corps, si ce corps est divisible à l'infini, car dans ce cas, en réunissant par la pensée un nombre quelconque de ces divisions poussées à l'infini, on ne pourrait reconstituer le plus petit des corps visibles. L'univers existe cependant, et nous sommes obligés de conclure que les dernières particules, résultant de la division possible d'un corps ont un volume déterminé, puisque la réalité de ce corps, est évidente.

Nous n'avons pas d'ailleurs à revenir sur l'existence des causes premières. Elles se posent comme nécessaires, et nul ne peut donner de leur nature une explication qui n'est pas. Nous dirons donc que, puisqu'il doit exister, l'atome ne peut être qu'étendu et indivisible. Nous l'admettons, dans sa constitution simple, comme un être qui, par association avec ses semblables, est le générateur de tous les phénomènes et qui est doué de tous les attributs de sa causalité, c'est-à-dire de l'étendue, de la force et de la connaissance immédiate indissolublement unies.

La substance doit être infinie en force aussi bien

qu'en nombre, mais non d'une force qui lui permettrait de créer ou de détruire un atome, d'établir ou de modifier les lois qui lui sont inhérentes, puisqu'il est évident que la cause ne peut pas plus suspendre les lois nécessaires de son être, que détruire les éléments dont elle est constituée. Nous disons qu'elle est puissante nécessairement, puisqu'elle agit, et l'on doit bien se garder de donner au mouvement une sorte d'existence indépendante, en le considérant d'une manière absolue.

Le mouvement n'est rien autre chose que la vibration normale de l'atome se modifiant selon les circonstances, ou le déplacement d'un atome ou de plusieurs atomes associés. Cette modification ou cette translation, en tant qu'effet, est la conséquence d'une action. Or, aucune action ne pouvant être produite sans l'existence préalable de deux termes, il est évident que cet effet exige pour être réalisé une relation. Il ne faut donc pas demander quelle est la cause, mais quelles sont les causes du mouvement, puisqu'il n'y a pas et qu'il ne peut pas y avoir de cause solitaire.

Le raisonnement nous ramène encore ici à la condition de la pluralité ; et, pour concevoir la production du mouvement, la logique nous oblige toujours à affirmer que ce n'est pas à la simplicité, mais au nombre qu'appartient la puissance. Un être simple et solitaire, de quelque nature qu'on le suppose, resterait immobile, car il n'aurait en lui ni hors de lui la raison d'un mouvement quelconque ; il ne pourrait ni se mouvoir, ni mouvoir, ni être mû. Ce n'est que dans une cause multiple que le mouvement est logiquement possible, et ce n'est que dans une cause infinie en nombre que l'on peut concevoir la génération de la variété des phénomènes.

Cette propriété de produire le mouvement par l'exis-

tence d'un rapport est commune à tous les atomes. Les
éléments de la cause, comme les corps formés par eux,
sont tous également moteurs et mobiles ; et ils sont à
la fois passifs et actifs les uns vis-à-vis des autres. Tous
sont susceptibles, par leur double faculté de mouvoir et
d'être mù, de générer spontanément et de se communiquer le mouvement. Ils le donnent, le reçoivent et le
font naître, selon leurs rapports, leurs situations respectives ; et cela en vertu de leur virtualité, de leur puissance innée, en vertu surtout de la mutualité de cette
puissance.

Disons toutefois que, dans l'ordre des choses où tout
commence et finit, le mouvement spécial dont les corps
peuvent être animés n'est que temporel, et soumis à
toutes les conditions de leurs rapports réciproques.
Tandis qu'un être contingent se désagrège et que les
mouvements qui lui sont propres cessent avec lui, la
puissance initiale de ses atomes constituants se retrouve
sous d'autres formes, dans d'autres relations. Elle compose et détruit sans cesse de nouveaux êtres avec l'iné-
puisable activité, avec la spontanéité éternelle qui est
la propriété nécessaire des causes. Elle les anime de
tous les mouvements indispensables à leur nature ; et,
comme elle leur est inhérente, c'est à elle qu'ils doivent
la faculté de se mouvoir, selon les lois qui les régissent.

Cette force motrice est cause comme les atomes et n'a
pas d'autre raison à donner de son existence que son
existence même, puisqu'elle est une des propriétés
nécessaires de la cause première. Le raisonnement doit
admettre que la substance possède éternellement cette
propriété, par cela seul qu'elle la possède actuellement,
et parce qu'il est illogique d'admettre que les atomes
ont pu acquérir dans un temps quelconque la faculté
de se mouvoir.

Nous avons dit que, pour être cause, la substance doit être encore douée de la connaissance immédiate. Pas plus que la force, cet attribut n'est une hypothèse sans démonstration. Il est prouvé logiquement par l'existence de l'univers. Mais il importe de ne pas l'assimiler à la science des êtres contingents, ce qui serait identifier la cause avec l'effet, le nécessaire avec le relatif. La différence est radicale, et nous devons commencer par établir ce qu'est la seconde, la seule observable, avant de nous occuper de la première.

A part l'instinct, dont nous parlerons plus loin, il n'y a pas pour l'homme de connaissance immédiate et spontanée. Ce que l'on entend par science humaine est une connaissance réfléchie qui résulte uniquement du phénomène des idées. Sans les idées, il n'y aurait pour nous aucun jugement possible, et vouloir sans elles faire de la science humaine serait aussi absurde que de prétendre faire des corps sans éléments étendus.

L'idée est la représentation ou l'image des êtres, de leurs actions, de leurs rapports et de leurs modifications. Cette définition étant admise, et nous ne pensons pas qu'elle puisse être contestée, pour concevoir l'existence d'une idée, il faut de toute nécessité reconnaître deux termes générateurs, l'un qui soit l'objet de l'idée, l'autre le sujet; et de plus un rapport entre ces deux termes. Les éléments nécessaires de toute idée sont donc un objet, un sujet et un rapport.

Que serait en effet une idée qui n'aurait pas d'objet, qui ne représenterait rien? Que serait une idée qui n'aurait pas de sujet, qui ne serait dans aucun être? Comment existerait-elle sans le rapport nécessaire de ces deux termes? Comment enfin concevoir la vérité, qui est elle-même un rapport exact entre les idées de l'homme et ce qui est, s'il y avait des idées sans objet et

sans sujet, si l'un des termes de la comparaison ou tous
les deux étaient supprimés? La condition logique de la
préexistence d'un sujet, d'un objet et de leur rapport
étant posée, l'idée est donc la représentation de toutes
les choses qui sont en rapport avec un sujet. Elle est
un produit conditionnel, relatif et contingent, l'image
des modes observés de la substance.

Pour l'accomplissement de ce phénomène, l'univers
vient se réfléchir dans l'homme. Il fait naître en lui la
représentation de tous les êtres qu'il renferme et de
toutes leurs actions. Il entre en lui par la porte des
sens et vient féconder son intelligence, qui, dans le cas
contraire, ne serait pas développée et n'existerait pas.
Mais l'homme n'est pas ici seulement passif; il n'est pas
un simple miroir qui réfléchit l'image reçue; il a sa
part d'action nécessaire comme terme générateur,
comme coefficient de l'idée. Lorsque le monde extérieur
vient se peindre et semer abondamment dans son
cerveau les représentations des choses, ce phénomène
prend en lui une existence spéciale. Il s'incarne en quelque sorte, vit en lui, s'y conserve, s'y reproduit par une
action devenue indépendante de celle de l'univers, et
qui fait de ces images une propriété qui appartient à
l'homme. On peut dire alors que l'univers existe en lui
idéalement, tandis qu'il existe hors de lui réellement et
substantiellement.

Toutes les idées qu'il a reçues en masse, avant de
pouvoir et de savoir les analyser, les comparer entre
elles et avec leurs types, sont renfermées dans sa mémoire comme un trésor enfoui. Tantôt il y puise volon-
tairement pour en faire la base de ses jugements, tantôt
elles se reproduisent spontanément et tumultueusement
dans son cerveau, comme les images des objets dans
le miroir d'un lac dont le vent troublerait la surface.

Elles enfantent alors, dans les cerveaux mal équilibrés, tous les écarts de l'imagination. Cette faculté bizarre se fait un jeu de déranger, au gré des plus singuliers caprices, les rapports qui existent entre les idées et leurs objets. Elle crée dans l'intelligence une multitude de conceptions étranges, en associant au hasard les idées les plus disparates, dont les rapports ne représentent plus l'ordre naturel des choses.

Pour conserver ou retrouver la vérité, il faut que la raison replace ces idées dans leur ordre normal, qu'elle les compare entre elles, qu'elle les rapproche de leurs types ; de façon que la science réfléchie de l'homme offre, dans la série des idées qui la constituent, une ligne parallèle à celle de l'ordre dans lequel les actions des êtres de l'univers se produisent et s'enchaînent.

Or, nous pouvons tirer de ces faits deux conclusions : 1° Les idées, éléments de la science réfléchie, sont le produit d'un sujet et d'un objet, de l'homme et de l'univers. 2° Le raisonnement est le procédé humain qui sert à établir la vérité, c'est-à-dire le rapport exact entre les idées et le réel. Si l'on voulait donc établir une similitude quelconque entre la science de l'homme et la connaissance immédiate de l'atome, il faudrait placer celui-ci dans une situation analogue à celle des êtres contingents. Supposer que la cause possédait primitivement l'idée abstraite de l'univers, avant de le réaliser, serait admettre, selon la loi du développement des idées, que les deux termes générateurs de cette idée préexistaient dans la cause, et que l'univers existait avant l'engendrement de l'idée qui le fit naître, ce qui est absurde.

Si nous ne pouvons appliquer à la connaissance immédiate des atomes les conditions de la science réfléchie, nous ne pouvons non plus supposer que la cause première raisonne, compare des idées entre elles et avec leurs objets, comme l'homme le fait pour établir entre elles et eux un rapport exact. La substance ne pense donc pas, car penser c'est raisonner, c'est juger des rapports, opération qui implique la possibilité, l'existence même de l'erreur. Supposer en elle le raisonnement, c'est lui attribuer le mode d'action particulier à l'être contingent; c'est admettre qu'elle peut se tromper et donner à sa connaissance éternelle, qui ne peut être absolue qu'autant qu'elle est spontanée, qu'autant qu'elle n'est soumise à la chance d'aucune erreur, la même instabilité qu'à la science médiate et réfléchie; c'est réduire l'être infini aux proportions de l'être fini.

Nous ne pouvons connaître la raison, le moyen, le procédé de la connaissance instinctive des atomes, qui pour nous est incompréhensible, parce qu'elle n'est pas susceptible d'analyse, et qu'elle est un des attributs de la cause première. On ne peut comprendre comment elle est, mais on sait qu'elle ne peut pas ne pas être, et qu'elle n'existe pas dans les mêmes conditions que la science réfléchie. Ce que nous pouvons dire, c'est que l'être nécessaire, dont les attributs sont éternels, n'attend pas, comme l'homme, que la science soit produite en lui par la présence d'un objet extérieur. Il n'a pas besoin de raisonner, de juger, de faire d'avance des plans et des modèles. Sa connaissance instinctive est nécessaire comme lui, éternelle comme lui. Elle n'est soumise à aucune condition et n'a besoin d'être précédée d'aucun acte de volonté raisonnée, supposition impossible dans une cause éternellement efficace. Elle existe dans l'atome, sans causes antérieures ou extérieures à elle-même, comme l'étendue et la puissance, avec lesquelles elle est dans une corrélation parfaite, de telle sorte que la puissance n'agit pas sans la connais-

sance, ni la connaissance sans la puissance, et que l'une et l'autre n'agissent qu'en conformité avec les lois éternelles qui font également partie des attributs de la cause. Elle est présente et active sans qu'elle ait besoin de décider ce qu'elle fera et ce qu'elle ne fera pas, car toutes ses manifestations sont immédiates, et la substance engendre instinctivement toutes choses dans le temps et au lieu déterminé par la possibilité d'être.

Mais, dira-t-on, les atomes n'ayant d'étendue que dans une proportion finie, comment peut-il se faire que la connaissance infinie soit possédée par chacun d'eux dans sa totalité, comme il est nécessaire de l'admettre pour expliquer l'apparition des phénomènes? Nous répondrons que les attributs de la connaissance et de l'étendue, bien que réunis dans l'atome, y existent cependant d'une manière différente, en raison de leur spécialité et de la constitution même de la substance.

L'attribut de l'étendue ne peut être possédé que d'une manière finie par chacun des atomes, mais il en est autrement de la connaissance qui n'occupe pas comme eux de place dans l'espace. Elle est une virtualité, qui peut être la même et infinie dans tous, sans que sa possession par un atome nuise à la possession de ce même attribut par les autres atomes, puisque tous le possèdent, non en raison de leur étendue, mais en raison de leur nature. C'est donc par suite de la différence qui existe entre les attributs de la connaissance et de l'étendue, que tous deux appartiennent à la substance sans être dans la dépendance l'un de l'autre, et que l'on peut concevoir, sans contradiction, l'atome doué de la connaissance infinie, tandis qu'il ne peut posséder l'étendue que d'une manière finie.

L'attribut de la connaissance n'est pas d'ailleurs le seul qui appartienne à l'atome d'une manière infinie. La

6.

durée sans bornes est également commune à tous, sans que l'éternité de l'un diminue celle des autres ; et cette éternité n'est pas plus dépendante de la propriété de l'étendue que celle de la connaissance. Nous concluons donc, et nous disons que chaque élément de la substance possède, en même temps qu'une partie de l'étendue, l'attribut de la connaissance d'une manière infinie ; et nous ajoutons que la forme est le produit de l'étendue, de la connaissance et de la puissance éternellement unis.

Si la cause n'était pas étendue, elle ne trouverait pas en elle-même le principe des corps. Si la cause n'avait pas la connaissance spontanée, l'existence de l'univers serait également impossible. Si on lui refusait la connaissance et la force pour lui donner le seul attribut de l'étendue, cette cause serait encore impuissante à produire la forme. Si on lui donnait la force sans la connaissance et l'étendue, ou la connaissance et l'étendue sans la force, son inaction serait la même. Il n'y a pas une seule de ces conditions qui puisse être supprimée. Elles sont toutes trois nécessaires à la production et à l'existence de la forme, et l'une ne peut suppléer à l'autre. C'est par elles que la substance produit tout, et existe réellement dans tous les phénomènes qui sont les révélations de son être et de ses attributs. C'est par elles que chaque atome trouve la raison de son action dans la présence et le concours de la multitude des autres principes substantiels qui existent comme lui de toute éternité dans les profondeurs de l'espace infini.

On ne peut établir expérimentalement l'identité de la substance. Ne marchant qu'avec les faits, la science appelle corps premiers tous ceux qui résistent à nos moyens d'analyse ; mais nous devons déduire la parfaite similitude des atomes de l'identité du rôle de chacun d'eux dans l'éther, et surtout de la nécessité d'une cause multiple. Leur égalité est évidente, puisqu'ils sont tous les coefficients de la loi de causalité à laquelle ils obéissent et qui règle leur puissance infinie.

Les atomes engendrent sans doute des êtres inégaux en pouvoir organique, sans que jamais la manifestation d'une supériorité relative dans les êtres formés par leur association détruise en rien leur égalité, car cette supériorité n'est qu'un fait phénoménal et n'appartient pour un temps qu'à un produit contingent. Les mêmes atomes peuvent parcourir successivement les divers degrés de l'échelle hiérarchique des êtres, en exerçant dans chacun des propriétés différentes, sans que cependant on doive en induire une supériorité originelle pour aucun d'eux. Ils tendent partout à l'accomplissement de la plus haute formule de l'action; et la variété des phénomènes résulte de ce que, par suite de milieux et d'associations différents, les possibilité d'être ne sont pas les mêmes.

L'atome n'est donc jamais inégal à lui-même ni à aucun autre. Pour juger de l'étendue de sa puissance toujours identique, il faudrait le suivre, non pas seulement dans une association donnée, non pas seulement dans les diverses associations qu'il forme sur cette terre, mais dans la succession des temps et des œuvres dont il est à la fois la substance et l'ouvrier.

CHAPITRE III

Nous venons d'étudier les attributs nécessaires de la substance ; il nous reste à parler de ses lois.

Dans son essence, une loi implique l'existence d'un rapport. En dehors du nombre, la loi est un non-sens, une impossibilité radicale ; et, pour qu'elle puisse exister, il faut la pluralité des termes, qui entraine la nécessité d'un rapport entre ces termes. Or, la relation étant la condition essentielle de la loi, il serait impossible à la raison, dont l'existence repose elle-même sur un rapport, de trouver dans un être simple, et dans l'absence de deux termes, le premier rapport constitutif de la première loi, sans faire une supposition qui serait en dehors de la condition d'existence de toute loi.

Supposer qu'un être simple et isolé puisse être l'auteur de la loi, c'est le supposer auteur d'une conséquence dont la possibilité logique n'est pas en lui. Poser la loi *à priori*, en l'absence de tout rapport, en l'absence des termes nécessaires à tout rapport, c'est donner à la loi une existence indépendante de ses conditions normales ; c'est supposer comme possible un rapport là où il n'y a pas de termes de comparaison, c'est bâtir sur le néant.

L'existence de la loi est un fait primordial, une nécessité qui découle de la constitution même de la cause
éternelle. La substance étant donnée comme composée
d'un nombre infini d'atomes identiques et spontanément
actifs, tous ont entre eux des rapports nécessaires qui
ne sont pas générés par eux dans un temps déterminé,
mais qui coexistent avec eux de toute éternité, puisqu'on ne peut concevoir l'existence d'êtres éternels
sans qu'il y ait entre eux des rapports éternels.

Mais il ne suffit pas d'être pour être cause, il faut
agir ; et l'action n'est pas moins nécessaire à une cause
éternelle que son existence elle-même. De la supposition
d'une cause première se déduit la nécessité d'une action
éternelle. Considérant donc cette action réglée par les
rapports que les atomes ont entre eux, nous avons la
raison des lois de la substance.

Disons toutefois qu'en parlant d'abord des atomes, de
leurs attributs, puis de leurs rapports, et enfin de leurs
actions, nous ne faisons que classer les idées correspondantes. Il ne s'agit pas ici d'une succession de temps,
puisque les causes premières, leurs rapports et leurs
actions sont au même titre éternels ; et, pour exprimer
cette connexion, nous ne pouvons employer que le mot
de nécessité, qui exprime l'idée d'une chose qui est, et
qui ne peut pas ne pas être. Ce terme caractérise également la substance, le rapport éternel de ses éléments
et sa perpétuelle action. Il y a entre ces trois idées une
relation qui, en tant que nécessaire, est elle-même une
loi, la plus élevée de toutes les lois, la loi par laquelle
les conditions mêmes de la substance sont éternellement
déterminées, de sorte qu'il faut que la substance, pour
être cause première, ait des rapports éternels, en vertu
desquels elle agisse éternellement.

Il n'y a aucune comparaison à faire entre les lois de

l'univers et les lois établies par un acte libre de la volonté. Les unes sont éternelles, immuables, nécessaires ; les autres, sont contingentes, comme la volonté de l'être contingent qui les fait et défait à son gré. Les premières sont de toute éternité et ne peuvent pas ne pas être. Les secondes sont faites dans le temps et peuvent ne pas être. Il faut donc se garder de concevoir les lois nécessaires à l'image de celles qui émanent de la liberté de l'homme, et d'attribuer, avec la volonté, les attributs du fini à l'infini ; car tout ce qui est le produit d'une volonté commence et finit, la volonté pouvant être ou n'être pas.

De cette analogie forcée et illogique résulte une confusion d'idées d'où sortent mille contradictions, dont la plus importante est la subordination de la cause éternelle à une volonté primordiale, proposition qui implique contradiction. Si cette volonté existe en effet, elle est de tout temps, ne peut cesser d'être et devient nécessaire. Si de plus on lui suppose une raison, celle-ci doit être également nécessaire. La loi que l'on imagine être l'expression de cette volonté primordiale, bien loin d'être produite par elle, la dominerait, puisque cette volonté, étant réglée par la nécessité d'être, trouverait sa propre loi dans la nécessité. Une telle volonté, avec la loi qui serait en elle et qui la déterminerait éternellement, ne serait donc pas une volonté réelle, puisqu'elle ne serait pas libre, puisqu'elle n'aurait pas le choix d'être autrement qu'elle ne l'est ou d'agir autrement que l'ordonne la loi.

Cette nécessité, qui est la condition de tout ce qui est éternel, la condition caractéristique des causes, de leurs lois et de leurs actions, exclut la liberté au même titre que la volonté, attribut de l'être fini. L'idée d'une nécessité éternelle appliquée aux lois de l'univers ne per-

met aux causes ni le despotisme qui agit sans lois, ni la
liberté qui s'en affranchit, car la nécessité renferme la
notion de l'immutabilité, sans laquelle on ne peut concevoir la loi éternelle, dont la condition essentielle est
d'être à l'abri de tout caprice, de tout changement, de
toute exception, ce qui ne serait pas si elle émanait
d'une volonté libre. Elle est la première loi d'où dérivent toutes celles qui président aux fonctions des atomes, et par lesquelles l'univers est produit.

Les deux idées les plus générales qui puissent être
saisies par l'intelligence sont celles de cause et d'effet,
élevées aux proportions de l'infini. L'homme est le foyer
où vient se réfléchir, par le moyen de l'idée, la triple
existence d'une cause nécessaire, de son effet nécessaire, et du rapport nécessaire qui unit la cause à
l'effet. Entre ces deux idées suprêmes, il y a donc cette
conséquence logique que, la cause étant, l'univers doit
être. De cette nécessité d'une production éternelle de
l'univers, que la raison comprend, parce qu'elle est liée
à l'existence même et à l'idée d'une cause éternelle,
découlent, comme autant de nécessités secondaires et
comme d'inévitables corollaires, les lois d'association,
de transformation et de désagrégation.

Mais, avant de poursuivre, et après avoir constaté
l'existence du rapport qui lie l'infini au fini, nous
devons donner à l'ordre de choses que le temps produit
un nom qui soit son expression exacte. Ce nom est la
fatalité. Dans son acception la plus générale, le mot
fatalité exprimera donc pour nous le rapport des causes
avec leurs effets. Bien que les êtres contingents résultent
d'une action nécessaire, cette action doit être appelée
fatale, parce que, en même temps qu'elle tient du nécessaire par la nature de la cause qui la produit, elle tient
aussi du contingent par la nature de l'être généré par elle.

Le mot fatal a donc cette différence de signification
avec le mot nécessité que celui-ci ne convient qu'aux
atomes, à leurs lois, tandis que le mot fatalité s'applique aux choses contingentes engendrées par les premiers, qui sont obligés, par leur nature même, de produire la succession infinie des choses secondes et
temporelles. Dans ce sens, la fatalité, c'est-à-dire
l'obligation pour les causes d'agir, est une loi qui, sans
contradiction, unit le fini à l'infini, le temps à l'éternité.

Nous appellerons encore fatalité la corrélation des
faits qui se succèdent et qui constituent dans l'ordre des
phénomènes une suite de situations dont il n'est pas
toujours possible d'apercevoir la [liaison, mais qui sont
néanmoins coordonnés par des lois qui les rattachent à
l'ordre universel. Appliqué à l'enchaînement des actes
de la substance, le mot fatalité exprime cet enchaînement déterminé par des rapports inévitables; de telle
sorte que, sans même remonter aux causes premières,
il suffit de prendre dans l'ordre des événements un fait
qui n'est que cause seconde, pour que de ce fait dérive
une série de conséquences qui sont appelées fatales,
parce qu'elles sont toutes liées les unes aux autres. La
raison reconnaît cette relation comme l'expression
d'une loi dont il faut faire remonter le principe au
rapport général qui unit les causes avec leurs effets.

La nécessité enlevant à la cause toute liberté, et la
fatalité présidant à la série des événements dans l'ordre
des faits contingents, l'univers ne peut être le jouet du
hasard. Ce n'est point dans le système d'une cause qui
possède en soi, comme attribut éternel, une loi nécessaire en vertu de laquelle elle agit; ce n'est pas dans
l'ordre des événements qui résultent de l'application de
cette loi aux actions des éléments de la cause; ce n'est

pas enfin dans les conséquences de leurs actions enchaînées les unes aux autres par un lien qui les rattache aux lois éternelles, qu'on peut placer la théorie du hasard.

Avec une cause qui n'est point volontaire et libre, qui n'a pas le pouvoir de faire ou de ne pas faire selon son caprice, avec une cause nécessitée par une loi inviolable, par un rapport éternel qui est la raison de ses actions, il n'y a pas, il ne peut pas y avoir de hasard. Tout ce qui est engendré par une telle cause est essentiellement rationnel, puisqu'en elle la fatalité est toujours logique.

Comme le néant, le hasard est un mot vide de sens. Dans le langage ordinaire, on donne souvent à ce mot une signification réelle pour dissimuler l'ignorance où l'on est de l'ordre et de l'enchaînement des faits contingents. Mais, s'il était possible de suivre et d'analyser les actions qui se croisent, s'entremêlent, se neutralisent et se succèdent dans l'univers, on verrait qu'elles se rattachent toutes à des lois invariables, qui prennent leur source dans une nécessité suprême et rationnelle, dans la loi éternelle.

Deux idées nettes et précises ressortent de ce qui précède : 1º l'idée d'une nécessité absolue ; 2º l'idée d'une nécessité relative, à laquelle nous avons donné le nom de fatalité. D'une part, les atomes, leurs lois et leurs actions nécessaires ; d'autre part, le monde phénoménal ; sans que le domaine relatif de ces deux ordres de faits puisse être confondu.

Lorsque nous aurons exposé le mécanisme des lois secondes qui président à l'existence des êtres contingents, dont les actes volontaires ou involontaires n'ont que des conséquences toujours limitées, nous trouverons la raison et la place de la liberté individuelle. Nous

verrons qu'elle s'harmonise avec l'ordre fatal par lequel
elle existe et qui, bien loin de l'anéantir, est le seul
milieu dans lequel on puisse rationnellement la concevoir.
Nous démontrerons que la liberté contingente n'est pas
incompatible avec l'existence d'une loi nécessaire, et
que sa théorie ne peut être établie que dans la doctrine
d'une cause multiple, composée de principes possédant
tous les mêmes attributs.

CHAPITRE IV

Les lois et les actions des causes, étant liées entre elles par un rapport nécessaire qui ne permet pas de concevoir des causes sans actions et des actions sans lois ; il s'ensuit que, pour connaître les lois de la substance, il faut étudier les actions par lesquelles les atomes, du sein de la mystérieuse obscurité qui les enveloppe, révèlent leurs lois par les effets qu'elles produisent.

Le moyen employé par la substance pour engendrer l'univers doit établir entre elle et lui un rapport intelligible, par lequel la cause sera connue comme production de l'effet. Si ce moyen restait inconnu, il serait impossible à la raison de jamais comprendre comment la cause est cause, et comment l'effet est produit par elle. Nous devons donc rechercher ce moyen afin de découvrir la cause par son effet, et connaître la substance, nécessairement multiple, mais essentiellement une par les rapports mutuels de ses éléments constituants.

Le procédé que nous cherchons doit être tel qu'il se prête naturellement à l'explication de tous les phéno-

mènes qui résultent de l'éternelle activité. En lui doit
se résumer la loi suprème de la causalité, caractérisée
par l'innombrable variété des phénomènes. Il doit être
la dernière expression de la toute-puissance des causes
premières, révélée par l'ensemble et les détails de
l'œuvre.

Or, les actions générales qui président à l'existence de
l'univers dérivent toutes de trois lois fondamentales :
1° la loi par laquelle les atomes peuvent se réunir en
fédérations diverses ; 2° la loi qui limite dans le temps
chacune de ses associations ; 3° la loi en vertu de laquelle
les associations d'atomes se succèdent les unes aux
autres, et se manifestent selon les milieux et les circonstances, en réalisant toujours la plus haute manifestation
de l'être. Ces lois résument l'exercice de la toute-puissance et sont à la fois la raison de l'existence de l'univers, et des phases de la vie de tous les êtres. Toutes
trois dérivent du fait de l'association, acte spontané par
lequel les éléments primordiaux sont par eux-mêmes
également actifs.

Si nous n'avions pas un élément irrécusable de démonstration, l'expérience, et si, pour prouver l'association des atomes, nous avions besoin d'employer la
ressource du raisonnement, nous trouverions tous les
arguments dont nous aurions besoin dans les raisons
par lesquelles nous avons déduit la nécessité d'une
cause multiple ; nous démontrerions que ce n'est pas à
la simplicité qu'appartient l'activité féconde, mais à la
pluralité, et que le mode de génération pour une cause
qui se compose d'un nombre infini d'éléments n'est pas
un accroissement impossible de substance, mais l'association de ceux-ci. Ce moyen, le seul que l'on puisse
concevoir dans l'ordre des vérités purement abstraites,
nous n'avons pas besoin de le supposer. L'étude de

l'univers nous en fournit les preuves les plus décisives.
Il n'en est pas un autre qui puisse être conçu dans
l'ordre des phénomènes. Il n'y en a pas d'autre qui soit
et puisse être vérifié et expérimenté.

Si on l'examine dans ses rapports logiques avec la
cause multiple, on reconnaîtra qu'il émane de la multitude infinie des éléments primordiaux, qui tous ont des
rapports nécessaires. Ce sont ces rapports qui constituent l'unité de la cause, et font retrouver cette unité
dans toutes ses œuvres. En tout et partout, on trouve
les traces de cette unité réalisée par un perpétuel concours harmonique. Les conditions passées et présentes
de l'apparition des corps nous sont en grande partie
inconnues ; mais l'association n'en est pas moins le seul
moyen générateur qui soit, qui ait été et qui sera ; et,
si on l'étudie dans ses effets, l'on sera frappé à la fois
de sa simplicité, de sa rationalité et de sa fécondité infinie. Son actualité sera la plus forte preuve de son
éternelle nécessité ; car, dans l'ordre des phénomènes
et dans les lois qui les déterminent, il faut admettre
que ce qui est présent était éternellement possible,
puisque l'éternité ne peut être conçue que comme un
présent qui ne change jamais.

L'association n'est donc pas un moyen quelconque que
la cause puisse employer ou ne pas employer. Elle n'a
pas le choix entre celui-ci ou un autre. Il est le seul rationnel, le seul intelligible, le seul expérimental, le seul
enfin en l'absence duquel la cause ne serait pas cause,
en l'absence duquel l'univers ne serait pas, puisque
c'est en empruntant à sa propre substance les éléments
dont elle forme les êtres contingents que la cause peut
engendrer, du sein de son infinité même, des êtres qui
n'existaient pas, et réaliser par leur succession l'existence de l'univers. L'association réunit donc les deux

conditions de la loi, la raison et la nécessité. Elle est
la loi elle-même et ne permet pas à la substance de
rester un instant inactive. Elle est nécessaire, parce
qu'elle est le moyen par lequel s'établit le rapport de
l'ordre éternel et de l'ordre contingent; et elle est fatale, selon la définition que nous avons donnée de ce
mot, parce qu'elle ne s'applique, dans ses effets, qu'aux
choses temporelles.

L'association ne donne pas aux atomes une puissance
qu'ils n'avaient pas, car, dans ce cas, elle serait cause,
au lieu d'être un moyen employé par eux pour devenir
efficaces; mais elle leur permet d'agir, de varier leurs
actions et de se révéler par des caractères spéciaux.
Sans revenir ici sur le détail des faits, nous nous con-
tenterons de dire que, dans ses applications, l'association se manifeste sous trois modes. L'agrégation, la
combinaison, l'organisation. Par ces modes, qui se di-
versifient à l'infini, tous les corps appartenant aux
divers règnes de la nature sont réalisés, chacun avec
des formes et des propriétés différentes. Ils établissent
les trois degrés principaux de l'échelle des êtres, et
sont eux-mêmes en rapport de progression, de telle sorte
que l'agrégation précède la combinaison, et que la
combinaison précède l'organisation.

Déterminé par la succession des milieux, le progrès
est le corollaire de l'association. Lorsque deux atomes se
réunissent, il y a pour chacun d'eux développement de
puissance, puisqu'ils sont passés, en se réunissant, de
l'état d'inaction à la condition de causes actives, et
qu'ils ont produit un corps composé dans la génération
duquel leur pouvoir respectif, d'abord égal à un par
l'existence d'un rapport, s'est manifesté par un produit
égal à deux. Ce corps, bien que contingent, a néanmoins, dans son actualité, un pouvoir supérieur à celui

qu'avaient ses constituants lorsqu'ils étaient isolés, plus grand même que celui qu'ils avaient en le produisant, puisque, aussitôt qu'il est produit, il est plus puissant que chacun d'eux.

Par le fait de l'association, il y a donc une élévation de puissance, contenue toutefois en principe dans les atomes générateurs. Il en résulte une progression dont la raison se conçoit, non seulement sous le rapport mathématique, mais en ce sens que, pour eux, il y a passage de l'état d'équilibre à la condition de causes effectives, et en ce sens que, par l'être social qui les contient, il y a un effet au moyen duquel ils ont accru leur puissance, puisqu'ils peuvent alors opérer ce qu'ils n'eussent pu faire isolément. L'être fédératif n'est donc pas seulement une manifestation directe de la force virtuelle des atomes, mais un moyen de développement pour cette force, de telle sorte qu'elle s'augmente de ses effets. Si aux deux premiers se joignent d'autres atomes, un nouveau progrès se réalisera, et dans le nombre de ces adjonctions se trouvera la raison d'un accroissement de volume dont on ne peut fixer la limite.

Mais la substance ne se manifeste pas seulement par l'agrégation, qui n'engendrerait que des masses plus ou moins considérables, mais par la combinaison, par l'apparition de corps doués de propriétés différentes de celles qui appartenaient à la condition précédente. L'organisation vient ensuite. Tous les êtres vivants résultent de cette manifestation suprême, et, par ce mode, les atomes révèlent des pouvoirs variés à l'infini, et supérieurs à l'agrégation et à la combinaison, par cette seule raison qu'elle les contient et les résume. Ces trois modes, comprenant toutes les fédérations possibles d'atomes, ont donc entre eux des rapports nécessaires. Ils sont les conditions de la loi du progrès, qui ne serait pas réalisable si la toute-puissance qui appartient virtuellement à chaque atome se manifestait identique dans tous les êtres contingents.

Nous avons vu en effet que les phénomènes sont déterminés par la nature des milieux où ils apparaissent, et la nécessité comme la raison veulent que la substance ne puisse se révéler que successivement. Nous trouvons dans cette nécessité l'explication de la loi de progrès et de transformation, et la cause éternelle ne peut produire l'univers qu'en vertu de cette loi qui n'est pas restrictive de la toute-puissance, puisqu'elle est au contraire la raison de son efficacité. Cette loi est rationnelle dans l'ordre des vérités abstraites ; elle est de plus un fait constant dont le monde entier offre l'application. Elle est fatale, comme la loi de l'association, puisque sans elle les atomes ne pourraient être causes, et qu'elle n'a d'effet que sur les êtres contingents. Elle est fatale dans le sens plus particulier de ce mot, car c'est elle qui établit l'ordre, l'enchaînement et la succession dans l'univers.

La loi du progrès est encore attestée par un autre genre de phénomènes, la transformation, qui accompagne le progrès et se confond avec lui. La première de toutes les associations, en produisant un corps qui n'existait pas, donne lieu en effet à une première transformation. Par elle, les atomes ont passé de l'état latent à une forme sensible et déterminée. Ils ont déjà acquis des propriétés dont les effets varient et sont corrélatifs à la forme qu'ils affectent ; et, dans ce premier ordre, la double loi de progrès et de transformation se révèle par un double fait, celui d'une puissance particulière attachée à une forme particulière. Cette loi se manifeste, dans la combinaison, d'une manière plus sensible encore, et avec une plus grande variété d'effets.

Lorsque de simples agrégations viennent à se combiner, le phénomène de la double transformation de leurs formes et de leurs propriétés s'accomplit spontanément. Dès que la nouvelle association est réalisée, un corps différent a été produit, et il est impossible de reconnaître en lui ses générateurs. Bien que toujours présents en substance, ceux-ci ont perdu leurs formes et leurs propriétés antérieures. Ils les conservent virtuellement, mais elles ne se manifestent plus. Cette privation est une condition de la loi du progrès essentiellement rationnelle et nécessaire, car il serait impossible qu'il y eût progrès si, lorsque deux corps se combinent, ils conservaient les propriétés qu'ils avaient auparavant. Il n'y aurait pas alors de transformation de puissance. L'association serait stérile, et la loi ne serait pas exécutée.

Mais c'est surtout dans les phénomènes qui résultent de l'organisation que les deux faits simultanés de progrès et de transformation révèlent leur connexité rationnelle et nécessaire. Sans nous occuper de la variété des êtres qui composent le règne organique, parmi lesquels il est facile d'observer une progression de pouvoirs correspondants à celle de la forme, sans considérer l'ascension des causes sous son aspect le plus saisissant, nous signalerons seulement ici les métamorphoses que subissent tous les animaux sans exception d'espèce, pendant les diverses phases de leur existence. N'est-il pas évident que leur histoire vitale n'est qu'une application continuelle de la double loi de progrès et de transformation, dont le moyen est une série d'associations sans cesse renouvelées par la nutrition? A chaque époque de leur existence, depuis l'état embryonnaire jusqu'à leur parfait développement, pendant le temps de

7.

leur apogée comme dans tous les degrés de leur décrépitude, chaque modification qui a lieu dans leur forme
entraîne une modification de leurs pouvoirs, de leurs
aptitudes physiques et intellectuelles. Le double phénomène de transformation et de progrès, soit dans le sens
ascendant, soit dans le sens inverse, se manifeste toujours avec une corrélation qui lie ces deux faits d'un
nœud si serré que tous les deux ne sont que l'expression
de la même loi.

Cette loi règle donc les phases de l'existence de tous
les êtres. Elle détermine le développement successif de
leurs facultés dans un rapport nécessaire avec leurs
formes. Dans son application à l'ensemble de l'univers,
elle sert de base aux séries zoologiques. Elle embrasse
non seulement les individus et les espèces, mais les
mondes et les groupes stellaires qui, dans leur formation, leur développement et leur décrépitude, sont soumis aux mêmes conditions de transformation et de progrès , puisqu'ils sont eux-mêmes des individualités
contingentes.

Si la loi d'association était le seul mode de manifestation de la cause, la puissance de celle-ci serait nécessairement limitée. Elle expirerait au moment où les
éléments qui constituent l'univers auraient été engagés
dans un premier phénomène. Une fois que la substance
aurait constitué l'univers, la puissance éternelle serait
épuisée dans son œuvre. Les corps demeureraient indes-
tructibles. Il n'y aurait plus d'action, plus de vie, plus
de progrès, mais des mondes composés d'êtres immuables dont l'existence ne serait qu'une inaction perpétuelle. Les causes qui auraient accompli cette œuvre
sans variation possible seraient enchaînées pour toujours, sans pouvoir jamais retrouver, par la désagrégation des premiers corps, leur puissance initiale.

Pour les rendre capables de former de nouveaux corps, et pour qu'elles puissent exercer leur incessante activité, il est nécessaire que tous les êtres constitués par leur association puissent être détruits. Sans cette destruction fatale, les causes ne seraient plus éternelles ; et leur action, bornée à un seul instant, cesserait d'être toujours également féconde.

La destruction des corps formés par l'association des atomes est donc une condition de l'exercice de la toute-puissance. Elle est le second mode d'action auxiliaire du premier ; et, comme fait universel, elle est une loi qui s'applique à tous les êtres. La destruction est une nécessité aussi impérieuse, aussi indispensable à la manifestation de la toute-puissance, que la loi d'agrégation elle-même. Elle est la seconde loi fatale de l'univers, fatale en ce sens qu'elle est nécessaire, et en ce sens qu'elle s'applique seulement aux fédérations et non à leurs atomes constituants, qui conservent l'éternité sous leurs associations successives.

Si l'on voulait chercher d'autres motifs intelligibles de cette loi, le raisonnement les ferait encore rencontrer dans l'impossibilité logique où se trouve une cause éternelle d'engendrer des êtres éternels, car des êtres éternels sont et ne s'engendrent pas. Or, les êtres vivants n'étant que le produit d'associations qui ont eu un commencement, il est rationnel que ces associations, opérées dans un temps, se désagrègent dans un autre. L'être vivant a une durée limitée par l'activité même de la cause. L'être éternel au contraire, à qui seul appartient l'existence absolue, dure sans commencement, sans progrès ni fin. Le premier est fatalement voué à la mort, et l'association par laquelle il existe, loin de lui donner l'immortalité, doit aboutir à sa destruction finale. La substance n'a pu le faire naître qu'à cette condition, et ne pourrait rendre le contingent éternel sans renoncer à l'un de ses modes nécessaires d'action, sans détruire sa toute-puissance, dont la double condition consiste dans le pouvoir d'associer ses éléments et de les désagréger.

La destruction des êtres vivants implique chez leurs éléments une activité spontanée égale à celle qui les ont constitués. Elle donne naissance à une multitude de produits qui, sous des formes différentes et avec des propriétés nouvelles, perpétuent les séries phénoménales. Au point de vue général, il n'y a donc pas de mort réelle : il n'y a que des transformations. L'univers est toujours changeant. Il n'eut pas de commencement, puisque la cause première est éternellement féconde, et nous avons vu que ses modifications suivent fatalement les voies déterminées par les milieux. Telles circonstances dirigent dans un certain sens l'apparition des êtres ; d'autres circonstances les entraîneront dans un sens contraire. Un type zoologique peut ainsi décroître et s'atrophier de siècle en siècle, tandis que d'autres, se trouvant mieux appropriés à la nature des milieux dans lesquels ils doivent vivre, se développeront à l'encontre du premier ; toute association d'atomes, quelle que soit sa valeur relative, est bornée à un temps et, dans ce temps, à une forme, et, sous cette forme, à un développement limité de puissance se modifiant avec elle. Il est fatal que la fécondité d'un monde soit dépendante de ses phases diverses. Il est fatal qu'il y ait un temps où il puisse produire et faire vivre les êtres qui l'habitent, qu'il y ait un temps où il ne le puisse plus. Tout corps céleste a sa jeunesse, sa plénitude de vie, sa décrépitude ; et toute exception à cette loi générale renverserait l'ordre universel.

Non seulement nous trouvons dans cette loi l'explication de la phase actuelle du globe terrestre, mais elle nous donne encore la raison de l'impossibilité où nous sommes de connaître par quelle succession de milieux, et par quelles séries d'associations, les causes sont arrivées à générer les types actuels. Cette ignorance résulte de ce que pour chaque monde, comme pour chaque être, les phases successives de leur durée, une fois passées, ne se renouvellent plus.

L'homme, dont l'organisation résume sur cette terre les derniers effets de la loi de progrès, ne peut connaître toutes les circonstances transitoires, tous les degrés d'organisation intermédiaires par lesquels les atomes ont passé pour arriver à l'engendrer. Étant le dernier produit de la fécondité éternelle nécessairement limitée par le milieu terrestre, il ignore la plupart des faits qui l'ont précédé. Il y a derrière lui une multitude de faunes différentes, dont l'une a détruit l'autre, et le chemin parcouru par les causes s'est écroulé à mesure qu'elles accomplissaient leurs révélations successives.

Cette ignorance étant motivée par sa contingence, l'homme doit se résigner à une situation basée sur une des lois de l'univers. Le raisonnement nous conduit à la connaissance de ces lois, dans lesquelles se trouve la solution générale des problèmes que l'expérience ne peut directement résoudre. C'est par lui que nous pouvons relier la chaîne des temps et reconstituer l'histoire du passé. Il existe un livre écrit en caractères authentiques par la main du grand transformateur, le temps éternel ; et chacune des couches terrestres superposées sont les annales où demeurent consignés les faits contemporains de chaque âge du monde. Se développant sur une échelle immense, la science commence à déchiffrer les premières pages de ce livre. Elle y a vu que les êtres organiques ont été successivement produits dans un rapport nécessaire entre eux, et nécessaire avec l'état du globe qui, soumis comme toutes choses à la loi de transformation, s'est modifié lui-même, en déterminant des modifications correspondantes dans l'organisation de ses habitants.

La loi de transformation implique les conditions nécessaires de temps, de succession et de limite, dans l'apparition des phénomènes. La substance qui ne procède que par voie d'association ne peut, au même moment et dans le même lieu, engendrer la variété infinie de ses modes contingents, et les atomes ne peuvent à la fois se révéler sous toutes les formes, sans une confusion qui rendrait impossible l'exercice de leur toute-puissance. Il est donc rationnel que cette puissance soit déterminée par l'existence des différents milieux. Quels que soient ceux-ci, les associations d'atomes réalisent toutes les formes possibles ; et, s'il survient un changement, la substance s'accommode aussitôt aux nouvelles conditions, pour toujours offrir la plus haute formule de l'être.

En résumé, les faits d'association, de développement et de désagrégation résument les actions générales de l'univers. Ils ne sont pas indépendants l'un de l'autre, mais liés entre eux par un nœud nécessaire auquel est attaché l'exercice de la toute-puissance. Sans l'association, point de transformation ; sans la transformation, point d'univers, révélation continue qui ne peut s'accomplir que par le changement dont la mort est le moyen. Chacun de ces faits est donc un moyen pour les autres, et le rapport qui existe entre eux est la loi suprême de la substance, considérée dans l'application de sa puissance à son œuvre.

Dans ce faisceau marqué au coin de la nécessité, la loi de la transformation unit les deux modes extrêmes de la toute-puissance. Elle est le terme intermédiaire que la raison cherche, et que l'expérience révèle, entre le pouvoir d'associer les atomes et celui de les désagréger. S'appliquant à ces deux lois, elle les harmonise. Elle fait plus : elle les réunit, les confond ; et il n'y a plus qu'une transformation éternelle par laquelle se manifeste l'incessante activité de la substance.

Nous avons dit que les propriétés et les fonctions des corps cessent aussitôt que l'association qui les a engendrés est détruite. Leur action, restreinte et passagère comme leur existence, est une des manifestations de l'éternelle causalité ; et ce sont autant de causes secondes qui doivent leur activité à la cause première qui vit en eux et les constitue.

La somme des êtres contingents, tous produits par la même loi, tous formés par la même substance, représente la révélation actuelle de la cause première. Semblables à des agents chargés d'une mission spéciale, tous concourent, pendant le temps qu'ils existent, à constituer l'univers. Chacun d'eux, pris à part, est le dépositaire et l'instrument d'une partie de la toute-puissance, dans une limite proportionnée à la fonction spéciale qu'il remplit, et à la place qu'il occupe dans l'échelle des êtres. La nature multiple de la cause lui permet de partager ainsi sa puissance, sans que jamais elle soit détruite ou réduite à l'inaction, parce que ce partage est la seule condition par laquelle elle se manifeste dans l'éternelle succession de ses œuvres.

Si donc on se rappelle que la loi d'association est le seul et unique moyen que la cause emploie et puisse employer pour se révéler, on comprendra que les êtres qui contiennent et cachent la substance, sous les apparences phénoménales, exercent tous une portion relative de l'éternelle causalité. Si l'on se rappelle que les atomes, bien que possédant, comme attribut nécessaire de leur nature de causes, une puissance virtuelle infinie, mais qui resterait sans effet s'ils étaient isolés ; si l'on se rappelle qu'ils ne peuvent manifester cette puissance que par l'association, en s'élevant par degré, selon la nature de leurs fédérations, à des modes d'action supérieurs les uns aux autres, on comprendra que c'est seulement à l'état de causes secondes ou de corps, que les causes premières jouissent d'un développement infini de puissance. C'est par une série d'associations progressives, et par le moyen des êtres intermédiaires d'abord engendrés, qu'elle arrive à produire les êtres les plus parfaits.

En exécution de cette loi nécessaire du progrès, l'existence de ceux-ci est dépendante, non pas immédiatement de l'action des causes premières, car elles ne les produisent pas directement, mais de l'action des causes secondes, par lesquelles les atomes, sous diverses formes et conditions, concourent à leur production. Les êtres les plus simples seuls procèdent directement des causes premières, mais aucun des êtres supérieurs ne puise immédiatement l'existence aux sources éternelles, bien qu'ils soient formés aussi bien que les êtres les plus simples de la même substance présente et immanente en toutes choses. En tant que cause seconde, l'univers est donc la cause médiate de tous les êtres vivants.

Plus les causes éternelles s'enlacent dans des combinaisons variées, plus elles s'élèvent en pouvoir effectif ; de telle sorte que le corps qui possède l'organisation la plus complexe est celui qui a la plus forte somme de puissance, celui en qui et par qui l'action des causes se révèle par des facultés supérieures, et s'élève à l'intelligence réfléchie de ses œuvres.

Deux ordres de vérités inséparables résultent de l'apparition des causes secondes par l'association des causes premières, et de la présence de celles-ci sous toutes les formes corporelles. Les êtres finis, dont le temps mesure la durée, naissent de la substance, nombre infini et parfait, auquel il n'est pas possible de retrancher ou d'ajouter aucune unité élémentaire. Ils sont par elle, vivent en elle, et ne sont pas moins nécessaires à sa puissance que celle-ci n'est nécessaire à leur existence. Ils sont tous faits d'elle ; mais ils ne sont cependant pas elle métaphysiquement ; car ils ne sont, chacun d'eux pris en soi, qu'une partie d'elle, qu'une des mailles de ce voile formé de son être, et dont elle se couvre elle-même pendant toute l'éternité.

La science médiate ne peut embrasser que les lois, les formes et les actions des êtres innombrables qui composent ce tissu. La mission de connaître la substance dans sa causalité appartient à l'induction logique, unique moyen qu'il nous soit possible d'employer à cette fin. L'expérience et le raisonnement ne peuvent toutefois être séparés l'un de l'autre. C'est par l'observation des causes secondes, des causes-effets, que l'homme peut arriver à la connaissance des causes premières ; et la philosophie qui, dans sa synthèse, ne s'appuierait pas sur nos deux seuls instruments de certitude, resterait une philosophie vaine et imparfaite. Ces deux sciences se complètent et se sanctionnent mutuellement, et leurs vérités respectives doivent s'enlacer du même lien qui unit l'infini au fini, la cause éternelle à ses effets.

CHAPITRE V

L'HARMONIE UNIVERSELLE

La raison pourrait admettre *à priori* que l'ordre universel résulte de l'activité constante de tous les atomes, puisque nous leur avons reconnu un pouvoir identique, et que cet ordre ne peut être conçu que comme le résultat d'une action partout égale à elle-même. Mais cette proposition resterait dans le domaine de la spéculation, si l'expérience ne venait lui donner la sanction dont toute hypothèse a besoin pour passer à l'état de vérité positive et démontrée. Pour arriver à cette démonstration, il suffit donc de découvrir, chez les éléments primordiaux dont les corps sont constitués, une propriété qui leur soit commune, et qu'ils exercent dans quelque état d'association où ils peuvent se trouver. Or, quels que soient les phénomènes sous lesquels on les étudie, la science leur a définitivement reconnu la propriété constante de l'attraction.

Par cette loi générale, Newton donne la raison du mouvement des astres, en même temps qu'il fournit à la philosophie le moyen d'expliquer l'harmonie universelle. De ces deux problèmes, celui du mouvement régulier des corps célestes est actuellement du domaine des sciences exactes. Le second appartiendra toujours à la logique, car sa solution, embrassant l'infini, l'expérience ne peut le démontrer directement; et nous devons le résoudre par induction rationnelle.

L'espace étant peuplé d'une quantité infinie d'atomes à l'état libre, qui tous s'attirent les uns des autres, la masse entière demeurera équilibrée, parce que, l'espace étant infini, les attractions réciproques se pondèrent. Si l'espace était limité, ou si le nombre des atomes n'était pas infini, tous se précipiteraient vers le point central de la masse; et nous avons ici une nouvelle preuve de l'infinité de l'étendue et de la substance.

Si nous supposons l'existence d'innombrables agglomérations d'atomes, douées de la puissance de s'attirer mutuellement, et que cette action considérée dans ses effets soit éternelle, un équilibre constant est le résultat forcé de cette action. Il est impossible que cet équilibre ne soit pas réalisé à chaque instant, indépendamment de toutes les modifications phénoménales auxquelles donnent lieu les actions particulières par lesquelles les astres sont successivement engendrés, transformés, désagrégés.

L'espace, en effet, n'ayant point de bornes, et se trouvant occupé dans toute son étendue par des systèmes stellaires, chacun de ces systèmes, quel que soit le nombre des sphères qui le composent, peut être considéré comme un seul point sur lequel agiraient, dans toutes les directions, des forces incommensurables et multipliées à l'infini. Ces forces, étant égales entre elles et agissant dans des directions opposées, se neutralisent, et le point sur lequel elles agissent, n'étant pas plus sollicité d'un côté que de l'autre, reste dans le lieu qu'il occupe. Comme il n'y a pas de centre unique d'attraction dans l'univers, l'espace étant infini et peuplé de systèmes dans toute son étendue, le même effet se produit à la fois sur tous les amas stellaires, qui se tiennent ainsi en équilibre les uns par les autres.

Les nébuleuses ne peuvent errer à l'aventure, et la confusion n'est pas possible, puisque toutes se tiennent réciproquement en balance, et que, par suite de leur nombre infini, chacune d'elles reste dans une situation que l'on peut regarder comme fixe en un point de l'espace. C'est en vertu de leur action commune que tous ces groupes ne peuvent se réunir en une seule masse, ce qui arriverait si le centre de l'infini, pour nous servir d'une expression consacrée, n'était pas à la fois partout et nulle part. C'est ainsi que dans le nombre se trouve non seulement la raison de la toute-puissance, mais celle du plus grand de tous les phénomènes, celui de l'équilibre universel.

Les observations desquelles il résulte que notre soleil, avec toutes les planètes qui forment son cortège, est entraîné vers un point du ciel situé dans la constellation d'Hercule, ne détruisent pas la valeur de notre démonstration. On doit seulement en conclure que le groupe solaire est une dépendance d'un système beaucoup plus considérable; et que bien des déplacements s'opèrent dans notre nébuleuse sans que celle-ci change de place. La science admet que toutes les étoiles visibles font partie de cette nébuleuse, qui ne doit être considérée que comme un point matériel, composé de parties mobiles pouvant posséder, sans jamais sortir de leur milieu, des centres d'attraction particuliers. Les autres groupes stellaires, dont nous n'apercevons qu'un petit nombre avec le secours des plus puissants télescopes, contiennent sans doute plusieurs de ces centres autour desquels gravitent les soleils qui les constituent; et tous ces mouvements s'opèrent sans qu'ils puissent jamais influencer les autres systèmes, ni amener de confusion dans l'univers.

L'équilibre étant ainsi fondé par une action éternelle

et nécessaire à laquelle participent tous les éléments de la substance, et la même action étant partout efficace pour déterminer dans chaque nébuleuse des centres de gravitation qui régularisent tous les mouvements des sphères, qu'importent à l'ordre général toutes les variations, toutes les transformations auxquelles donnent lieu, dans chaque système, les autres actions des causes, et l'accomplissement des lois fatales en vertu desquelles elles exercent leur puissance? Elles peuvent renouveler les astres ou les groupes d'astres, sans que jamais l'harmonie universelle soit troublée. Que les systèmes solaires se transforment par des actions qui nous sont inconnues parce qu'elles sont inobservables; que leurs éléments, désagrégés par une puissante vibration, se replongent dans l'océan éthéré ou s'empressent vers de nouvelles associations; qu'ils deviennent incancents, qu'ils se condensent et s'équilibrent; la substance sera toujours soumise aux lois éternelles de sa causalité.

La formation, la destruction et le renouvellement des mondes doivent être conçus comme étant le résultat des propriétés chimiques et physiques inhérentes à chaque association d'atomes, car la puissance infinie modifie ses actions de mille manières; et les forces que possèdent les atomes, agissant directement selon les circonstances, les sphères engendrées peuvent être toutes différentes, sans qu'il y ait pour cela dérogation aux lois nécessaires.

Les conditions par lesquelles ces lois ont agi sont ignorées, sans que cette ignorance affaiblisse en rien, dans sa base logique, la théorie de l'univers, fondée sur l'existence d'une substance multiple. Que la terre résulte de la condensation d'une contrée de l'éther; qu'elle ait été formée des débris d'un astre antérieur; que par le frottement des planètes contre l'espace leurs mouvements se modifient, et que, après avoir tourné pendant des millions de siècles autour de leur centre de gravité, elles se réunissent pour donner naissance à de nouveaux systèmes; ces suppositions peuvent être également vraies. Elles sont toutes dans les conditions du possible, et doivent trouver leur place dans la série des transformations et des destructions successives que nous concevons comme résultant de la toute-puissance.

Aussi acceptons-nous toutes les hypothèses rationnelles. La question principale n'est point là, mais dans la constitution de la cause, dans les propriétés actives de ses éléments, dans leur nombre nécessaire et infini qui lui permet les actions les plus diverses, par lesquelles toutes choses sont formées ou détruites. Nous trouvons dans cette constitution de la cause l'explication des mouvements célestes réglés et dominés par la loi de l'attraction, dont l'effet fatal est un ordre immuable qu'aucun phénomène ne peut ni troubler ni détruire.

Avec l'action constante de l'attraction, un chaos général n'est possible dans aucun temps de l'éternité, et il n'y a pas de mouvement désordonné dans l'univers. Toutes les variations sont également possibles, sans que l'harmonie du tout soit mise en péril. Dans le vaste sein de l'infini, les soleils, individualités contingentes, naissent et meurent tour à tour; et ces lois fatales de vie et de mort s'appliquent à eux comme à la monade. La génération successive des mondes n'est pas seulement une certitude philosophique, elle repose sur l'observation de plusieurs étoiles disparues, tandis que d'autres sont en voie de formation. Cette hypothèse, que l'on peut considérer aujourd'hui comme une vérité démontrée par l'expérience et le raisonnement, conduit à regarder la destruction des mondes comme un phénomène régulier, conforme aux lois de l'univers.

Rien n'est donc plus certain que la fin prédite à notre planète. Quand, comment, par quelle catastrophe s'accomplira-t-elle? C'est ce que nous ignorons. Peut-être sera-t-elle l'effet d'une désagrégation spontanée, ou résultera-t-elle d'un choc formidable dû aux si légères perturbations que le contact de l'éther imprime aux mouvements des astres. Bien que, dans l'ordre universel, l'équilibre soit constant entre tous les grands amas d'étoiles, il n'y a pas de raison péremptoire pour admettre que, dans un système, il n'y ait pas de ces rencontres fatales. Ces accidents non seulement ne troubleraient pas l'harmonie générale, mais ne changeraient que la disposition d'un groupe particulier; et le système dans lequel cet évènement aurait lieu resterait, par rapport aux autres, dans les mêmes conditions d'équilibre. La désagrégation du monde n'est donc qu'un phénomène conforme aux lois qui règlent la destinée des étoiles. Elle n'est, en réalité, pas plus importante pour l'univers que la destruction du plus petit des êtres; et, bien loin d'être un mal, elle est la condition d'une rénovation sans laquelle la puissance des causes cesserait d'être infinie.

En résumé, la réalité de l'harmonie universelle est aussi évidente que celle de la cause elle-même. Elle existe comme un fait nécessaire, qui n'a pas été produit, et ne sera détruit dans aucun temps. Ce n'est pas l'infini, mais le fini qui échappe aux conceptions de l'intelligence humaine, et, toutes les fois que celle-ci veut rester dans le fini, elle ne peut résoudre aucun problème, même ceux qui regardent les choses finies. C'est donc dans l'infini seul que la raison trouve la solution de toutes les questions qui lui importent, et qu'elle rencontre l'objet de sa conception dernière, le terme de sa satisfaction et de son repos.

CHAPITRE VI

L'IMPERSONNALITÉ DE LA SUBSTANCE

Il résulte de ce qui précède que la substance, envisagée dans son ensemble, agit sans conscience et sans connaissance réfléchie. La raison de l'impersonnalité de l'être absolu est précisément son infinité, qui ne permet pas de l'admettre objectif à lui-même, ni de supposer hors de lui un être quelconque qui, par l'existence d'un rapport, génère en lui l'idée réfléchie de son individualité. Il suffit d'ailleurs que l'homme se distingue de ce qui n'est pas lui, pour qu'il rende et reconnaisse impossible l'exercice, hors de lui-même, d'une personnalité infinie.

Lorsque l'homme s'affirme par un jugement qui a pour point de départ l'idée de l'action personnelle, il y a implicitement la négation, non de l'infini, non de l'être-cause en tant que substance, mais la négation logique de l'infini en tant que personne ; car une personne infinie et une autre finie, à moins que la seconde ne fasse partie de la première, ne peuvent exister simultanément, ni dans le temps ni dans l'éternité.

L'homme, être fini et contingent, qui se sait agir et qui de son action même déduit légitimement son existence, peut dire moi. Par cette affirmation qui exprime un jugement, il se distingue de ce qui n'est pas lui. Il se distingue de l'infini, alors même que, par une suite d'inductions, il arrive à concevoir, à affirmer l'existence de l'infini, à s'y confondre en s'en distinguant. Mais cet infini n'a pas de personnalité, car alors il absorberait et annihilerait nécessairement, dans cette personnalité infinie, toutes les individualités distinctes de lui. Si le moi de la substance existait, tout autre serait impossible ; et, de l'existence du moi humain, la logique conclut à la non-existence du moi ou de la conscience dans l'être infini.

Les partisans de la personnalité de la substance fondent leur doctrine sur une simple hypothèse, celle de la ressemblance qui existerait entre l'homme et sa cause. Mais, entre ces deux termes de comparaison, l'homme seul peut être l'objet d'une observation directe, et il en résulte que, selon la méthode scientifique, la seule marche à suivre pour asseoir un jugement sur la question posée, c'est d'observer les caractères et surtout les conditions de la personnalité dans l'homme, de les soumettre à une scrupuleuse analyse, et de les rapporter à la substance envisagée dans son ensemble.

Si donc les caractères et les conditions de la personnalité peuvent s'appliquer à la cause première, non pas seulement sous sa forme phénoménale, mais en l'absence de toute manifestation contingente, en la considérant d'une manière abstraite dans son essence éternelle ; si l'on peut appliquer à l'être absolu, de quelque façon qu'on le conçoive, pourvu qu'il reste infini, les conditions de la personnalité observée dans l'homme, sans qu'aucune de ces conditions soit en contradiction avec son infinité, nous admettons comme possible sa personnalité ; et de sa possibilité d'être, qui ne serait cependant que probable, nous concluons à son existence réelle. Cette marche est seule rationnelle.

Nous devons commencer par établir, non seulement les caractères essentiels du moi, mais les conditions selon lesquelles tous les faits de la personnalité se produisent, car c'est précisément dans ces conditions, qui en sont les lois, que nous rencontrerons les éléments de la solution que nous cherchons. Or ces conditions, telles que l'expérience nous les révèle, sont la contingence, la relativité, la distinction et la limitation.

Se distinguer des autres êtres est la condition imposée par la nature même à tout être personnel. L'homme ne juge positivement de la réalité de son existence qu'en se comparant à d'autres êtres et en se distinguant d'eux. L'idée du moi résulte donc de celle du non-moi. L'une implique l'autre, et ces deux idées doivent être mises en présence pour que la raison puisse confirmer l'existence du moi, en lui donnant acte de lui-même. Telle est la loi logique de la personnalité humaine.

Par une conséquence immédiate, nous passons de la distinction du moi à sa limitation, puisque ces deux conditions sont inséparables. L'homme en effet ne s'affirme qu'en se déterminant dans sa propre pensée, et ne peut se distinguer sans se limiter. S'il en était autrement, il se confondrait avec tout ce qui n'est pas lui et cesserait d'être conscient. La formule du moi, qui est celle de la distinction, est donc également celle de la limitation ; et l'être personnel qui prétendrait à l'infinité s'affirmerait tout à la fois comme fini et infini, ce qui est absurde.

C'est dans cette erreur que sont tombés les philosophes allemands, partisans du système idéaliste de l'identité absolue. Entraînés par l'abstraction hors du monde des réalités, ils ont fait une singulière confusion des choses, en identifiant l'homme avec l'infini, parce que la logique les conduisait à l'idée synthétique de l'infini. Leur erreur vient aussi de ce qu'ils ont méconnu la nature même de l'idée, qui n'est pas un être, mais un phénomène de relation généré par l'action combinée de l'univers et de l'homme, le premier projetant dans l'homme une image qui n'a rien de substantiel, l'autre transformant cette image en une idée, simple vibration cérébrale, qui devient la figure et la représentation de toutes les impressions extérieures. Mais ce fait n'a pas le pouvoir de faire entrer dans l'homme l'univers réel, de renfermer l'infini dans le fini, le tout dans la partie. L'opération de l'esprit n'a rien d'ailleurs de plus merveilleux que celui de la vision, qui produit dans la rétine de l'œil l'image de l'immensité incommensurable du ciel, sans en contenir la substance.

Nous ne reviendrons pas ici sur les modes d'activité qui produisent ces divers phénomènes dans l'homme. Il nous suffit de reconnaître qu'ils sont tous dépendants de la même loi générale qui exige deux termes générateurs pour une action, pour un effet, loi qui ne permet pas de supprimer un des deux termes et par conséquent d'identifier l'homme avec l'univers, sans rendre le phénomène de la connaissance impossible. Les conditions de la limitation et de la distinction restent donc entières et absolues dans tout être personnel, quels que soient les actes qui le produisent et qui le caractérisent.

L'homme conçoit l'idée de l'infini par cela même qu'il est une des innombrables parties de cet infini dans lequel il est plongé, et avec lequel il est en rapport par tous les éléments de son être. Sa raison, qui est la faculté d'apercevoir les rapports que les choses ont entre elles, ne peut donc manquer de lui faire concevoir l'existence de cet infini. L'idée que l'homme en conçoit est vraie dans sa formule abstraite et absolue. Il suffit, pour qu'elle ait toute sa valeur, que l'homme, sans connaître tous les détails que renferme l'infini, ce qui est impossible, n'y trouve pas de limites et n'en conçoive pas de possibles. Il suffit que l'esprit le conçoive comme étant l'être intégral dans lequel sont tous les corps et tous les êtres vivants.

Ajoutons que nous ne pouvons connaître la cause infinie que par le phénomène de l'idée. Cette connaissance réfléchie de l'univers et de sa cause serait impossible si l'idée était substantielle. Sans cette condition, jamais l'homme, partie d'un tout, ne pourrait avoir l'idée de ce tout, et cela par la raison que la partie ne peut concevoir le tout. C'est donc parce que l'idée n'est pas une substance que la représentation de l'infini a lieu dans le fini. Ce merveilleux phénomène, qui fait de l'homme le sujet, et de l'univers l'objet de l'idée, n'est dû qu'à l'incarnation d'une partie de la substance qui, dans l'ordre de ses manifestations contingentes et par le concours de tous ses attributs, peut rendre et rend une partie d'elle-même objective à elle-même, et qui, engendrant ainsi dans le sein de son infinité les termes générateurs de l'idée, réalise les conditions de la science réfléchie.

L'idée de l'infini, comme toutes les autres idées, ne peut donc résulter que de la relation de deux termes, d'un objet et d'un sujet. Elle est la synthèse universelle et représente le tout, dans lequel on conçoit l'existence des êtres distincts et limités, comme on conçoit, en les distinguant, les parties d'un tout, sans pour cela les confondre avec lui et sans détruire le rapport qui les unit.

Nous ne voulons pas insister sur les autres conditions de la personnalité. La distinction et la limitation nous suffisent pour affirmer que l'être infini n'est pas personnel, et ne peut l'être sans cesser d'être réellement infini et de pouvoir être conçu comme tel. Il ne peut s'affirmer en disant moi, car cette affirmation qui le limiterait serait mensongère. Il y aurait non seulement contradiction entre les deux idées, mais une impossibilité de fait et de logique ; et l'on ne peut pas plus dire : L'infini ou la substance est un être personnel, que : L'homme ou l'être personnel est infini ; puisque les deux attributs de l'infinité et de la personnalité s'excluent dans le même être.

Si d'ailleurs l'infini était personnel, comme il est tout l'être et qu'il n'y a rien de possible hors de lui, l'on ne peut sortir de cette alternative : Ou sa personnalité absorberait dans son infinité toutes les personnalités distinctes qui existent dans l'univers, et il n'y aurait dans ce cas aucun autre être personnel possible ; ou il y aurait dans l'individualité infinie une multitude d'individualités particulières. Le moi de la substance serait alors une collection de moi, un peuple de personnes, et non un véritable être personnel et un, ayant une individualité distincte, limitée en elle-même, et pouvant, ainsi que l'homme, s'affirmer comme un être individuel, en présence de toutes les autres personnalités qui s'affirmeraient au même titre. Or n'est-il pas évident que, dans ce cas, ni la personnalité de la substance ni celle de l'homme ne seraient possibles, et que, dans cette confusion, toute personnalité réelle serait détruite ?

Il n'y a pas moyen d'échapper à cette conclusion et à la double étreinte du fait et de la logique. La science ne s'appuie que sur l'expérience et le raisonnement pour établir, entre les idées et les choses, le rapport exact qui est la vérité. Devant l'homme qui s'affirme, l'infini personnifié disparaît, puisque deux êtres distincts, personnels et même impersonnels, ne peuvent exister simultanément sans qu'ils soient limités tous les deux. L'idée même du moi, qui exclut pour l'homme l'infinité, l'exclut au même titre pour tout autre, aussi bien en fait qu'en idée. C'est là une vérité absolue, indéniable, aussi positive qu'un axiome mathématique.

Nous n'ajouterons rien à cette démonstration. Nous admettons l'infinité, l'éternité de la substance, mais l'homme n'a point de relation de personne à personne avec elle. Il n'a de rapport de cette nature qu'avec d'autres êtres contingents comme lui ; et c'est sur ces rapports que sont fondées les lois de la morale, lois essentiellement relatives, puisqu'elles ont pour objet le développement et la conservation de l'homme, et ne peuvent exister que par sa volonté. C'est donc dans ces rapports que nous devons chercher les règles de la vraie morale, avec d'autant plus de raison que le droit, le devoir et la justice ne peuvent être compris et réalisés que par des êtres intelligents et libres.

CHAPITRE VII

On peut classer en trois catégories les activités diverses que l'on observe chez les animaux supérieurs et chez l'homme : 1° les actions instinctives ; 2° les actions mécaniques, 3° les actions volontaires, en confondant sous cette dernière désignation toutes les actions intellectuelles et morales qui se résument dans la volonté. Nous commencerons par définir le caractère de chacune d'elles.

Les actions instinctives sont la manifestions directe et spontanée de l'activité des causes premières, sous les formes corporelles qu'elles revêtent. Elles sont antérieures à toute volonté, et sont empreintes de ce caractère de raison et de nécessité relative auquel, dans l'ordre contingent, nous avons donné le nom de fatalité.

Les actions mécaniques sont les mouvements exécutés par les corps, abstraction faite des causes initiales qui leur ont imprimé ces mouvements; et, cette réserve étant faite, les actions mécaniques comprennent également les mouvements spontanés et les mouvements communiqués.

Les actions volontaires sont différentes des actions instinctives, en ce qu'elles ne sont pas immédiates et fatales comme elles, et qu'elles ont, pour conditions préalables de leur réalisation, l'existence des idées, le raisonnement, le jugement, la conscience. Elles ont la propriété dans certains cas de faire équilibre aux actions instinctives, d'arrêter et de suspendre les actions mécaniques. Elles constituent ainsi, entre l'instinct et le mouvement, un pouvoir intermédiaire qui gouverne les instincts et les passions, et règle les actions de l'homme.

Le caractère spécial de ces trois modes d'activité étant déterminé, suivons l'ordre dans lequel ces faits se produisent. C'est le seul moyen de reconnaître leurs rapports, leur filiation et leur enchaînement, le seul moyen de concevoir leur unité harmonique et de les ramener à leur cause commune.

Dans un des chapitres précédents, nous avons distingué la science réfléchie de l'homme de la connaissance immédiate et primitive des causes, et déterminé, autant qu'il est possible de le faire par le raisonnement, les conditions d'existence et le mode d'action des principes éternels. Or, la notion que nous nous sommes formée sur la nature de leur connaissance spontanée resterait une simple conjecture, s'il ne nous était pas possible d'en donner une preuve directe, et c'est à fournir cette preuve que nous allons nous attacher. La cause elle-même l'a mise à notre portée en se manifestant, avec ses attributs, dans les êtres vivants qu'elle forma de sa propre substance. Il faut donc observer les causes secondes et les suivre dans leurs actions.

S'il est vrai que la connaissance des causes premières est telle que nous l'avons jugée devoir être, c'est-à-dire immédiate et spontanée; s'il est vrai que ces mêmes

causes existent dans tous les êtres contingents, à l'état
d'association, l'activité spontanée et la connaissance
immédiate des atomes se manifestent dans tous ces
êtres, par des actions conformes à la nature de ces
attributs. Si cela n'était pas, la théorie que nous avons
développée sur la constitution de la cause serait évidemment fausse, car nous aurions admis un fait illogique et impossible. Nous aurions admis que la cause
nécessairement active aurait perdu sa puissance, et
anéanti ses attributs éternels dans les associations par
lesquelles elle se révèle. Nous aurions admis que les
causes seraient dans leurs effets sans y être, ce qui est
absurde.

Mais loin de là. L'existence simultanée de la connaissance immédiate et de l'activité spontanée que nous
devons trouver dans tous les êtres contingents, comme
preuve de la présence en eux de la cause éternelle,
n'est point une hypothèse imaginaire. Elle est un fait
universel, sans cesse observé et reconnu. Bien qu'elle
soit jusqu'à présent inexpliquée par suite de fausses
notions sur la nature des causes, elle a, dans la science,
un nom qui l'exprime. L'instinct est indéfinissable,
comme tout ce qui est immédiat, primitif, comme tout
ce qui appartient à la nature des causes. Pour nous en
rendre compte, nous devons exposer premièrement les
faits, et signaler les actes qui, dans les êtres de toute
espèce, appartiennent à cette mystérieuse puissance.

Jusqu'ici on s'est généralement borné à considérer
l'instinct comme une propriété spéciale aux êtres qui
constituent notre règne animal. On a comparé cette
connaissance innée, avec laquelle ils exécutent tous les
actes et tous les travaux d'industrie nécessaires à
leur conservation, avec la raison et la science réfléchie
de l'homme; mais l'instinct n'est pas renfermé dans ces

étroites limites . Il embrasse toutes les associations
d'atomes qui composent l'univers. L'instinct existe dans
l'animal, dans le végétal, dans le minéral lui-même; et,
lorsqu'on parcourt l'échelle des êtres, depuis l'homme
jusqu'aux corps réputés simples, l'instinct se révèle
avec son caractère général de spontanéité et sa spécialité correspondante à la nature, à la forme, à l'organisation, au rôle et à la destinée de ces phénomènes.

Si nous allons plus loin, et que nous arrivions par la
pensée jusqu'à l'atome lui-même, l'instinct spécial propre à chaque être ou corps contingent disparaît, et il
n'y a plus dans l'atome qu'une connaissance illimitée qui
donne, dans son universalité virtuelle, la raison générale de tous les instincts particuliers.

Si donc nous prenons pour point de départ cette
source infinie de connaissance et d'activité qui réside
dans les atomes, pour entrer dans le domaine des
faits contingents, nous reconnaîtrons d'abord, dans
les corps qui constituent le règne minéral, l'existence
de l'instinct comme action savante, spontanée et fatale
de leurs éléments. Quel autre nom donner en effet à
l'activité des molécules minérales, aux mouvements
qu'elles exécutent, à l'art avec lequel elles s'associent?
Cette activité spontanée est-elle dans sa manifestation
autre chose que de l'instinct? Les affinités des corps
constitués par cette action première sont-elles encore
autre chose que de l'instinct? Si l'on considère ensuite
l'action nécessaire et continue par laquelle les minéraux
existent, et par laquelle ils résistent à la désagrégation,
n'est-elle pas une action instinctive, particulière à leur
nature? La substance éternelle est, par le moyen de
l'association de ses éléments, la cause immanente de
leur existence contingente sous une forme déterminée,
et le principe efficace de la durée des minéraux se

trouve dans la puissance spontanée des éléments qui les
ont produits. Cet acte est la continuation de la génération des corps; et l'action initiale, ne pouvant ni se suspendre ni s'arrêter, tend à conserver l'être formé par
elle, aussi longtemps que les circonstances et les rapports
qui ont déterminé cette agglomération restent les mêmes.

Les minéraux, en tant qu'ils sont doués d'une constitution plus simple, et qu'ils ne se modifient pas à chaque instant comme les organisations vivantes, possèdent
un instinct de conservation toujours identique, et une
puissance d'existence plus grande que les autres êtres.
Ils peuvent durer des siècles sans éprouver d'altération
sensible. Cet état d'existence uniforme, entretenu par
l'action latente de leurs principes, fit considérer les
minéraux comme absolument inertes; mais cette supposition, fausse à l'égard du mouvement général de
gravitation dont ils sont les causes efficientes, est encore
fausse relativement à leur puissance de cohésion, qui
constitue pour eux un véritable instinct, toujours spontané et rationnellement proportionnel à leur nature.

Si nous passons au règne végétal, nous observons
une connaissance instinctive qui, dans le règne minéral,
se bornait à des modes d'action, tels que l'agrégation,
la combinaison, la cohésion, et qui s'élève ici selon la
loi nécessaire de la toute-puissance des atomes. Elle se
développe à la fois logiquement et fatalement dans
leurs travaux organiques, avec une mesure proportionnelle à la nature de leur œuvre. L'apparition, la
conservation, le développement et la reproduction des
végétaux ne s'accomplissent que par des actes instinctifs particuliers à chaque individualité végétale, selon
ses formes et son organisation, toujours en rapport
harmonique avec les milieux dans lesquels ils existent.
La destinée de la plante étant de progresser, de se méta-

morphoser et de se reproduire, par le moyen d'une série d'associations successives, les éléments qui la constituent manifestent, sous ce mode particulier, tous les genres d'instinct nécessaires à l'accomplissement de sa destinée. Ces éléments font tout ce qu'il faut qu'ils fassent ; et, comme le végétal n'est pas identique dans toutes ses parties, chacun de ses organes fait instinctivement ce qu'il doit faire, pour sa propre vie et pour la vie commune de l'être dont il fait partie.

Sans nous arrêter à cette spécialisation de l'instinct dans chaque organe, qui est un des faits les plus remarquables de l'association organique, et en ne considérant que l'être en son entier, nous voyons que tous les végétaux ont leurs instincts particuliers, qui constituent pour eux une connaissance innée des conditions de leur vie, science dont ils font l'application d'une manière à la fois spontanée et fatale.

On retrouve chez les animaux les mêmes phénomènes d'association et de cohésion que dans les minéraux, les mêmes instincts de conservation, de nutrition et de reproduction que chez les végétaux, avec de nouvelles conditions d'existence, et une organisation plus complexe, ayant pour conséquence l'apparition d'autres instincts, d'autres facultés, auxquels se joindra bientôt une science éminemment relative et contingente qui concourra, avec ceux-ci, à la conservation de l'être vivant.

A l'exception des espèces inférieures qui servent de transition aux deux règnes, car la nature ne procède point et ne peut procéder par saut dans l'œuvre universelle, le caractère général des animaux est de se mouvoir spontanément. Ils ne sont pas enchaînés et fixés au sol, et n'attendent pas des milieux ambiants les aliments qui doivent servir à leur nutrition. Ils les cherchent, les poursuivent. Ils ont des sens dont le végétal n'a pas besoin pour découvrir sa proie. Ils ont des armes naturelles pour se défendre. Ils savent instinctivement quel est l'emploi de ces armes, et ils se servent d'elles sans en avoir appris l'usage. Ils apportent même en naissant des industries qui constituent pour eux une science innée, nécessaire à leur conservation, et en parfait rapport avec leur nature et les conditions de leur existence.

Mais, quelle que soit cette industrie native, le plus grand prodige que présente l'être vivant est dans la perfection de son organisation. Sa science spontanée toute relative n'est rien en comparaison de celle des éléments qui l'ont produite. Son instinct n'est qu'une des manifestations limitées de cette science infinie, qui est toujours égale à elle-même, tandis que, pendant la vie des animaux, leurs facultés contingentes changent selon la loi de transformation et de progrès, et dans la mesure de ce qui est nécessaire.

A l'état d'embryon, l'être manifeste des instincts spéciaux qui se modifient avec lui pendant toutes les phases de son développement. L'instinct spécial à chacune de ces phases ne la suit ni ne la précède, mais il se déclare spontanément dans l'être avec son changement de forme ; toute transformation signale donc un instinct nouveau et réciproquement.

Nous pourrions multiplier les exemples du rapport qui unit la forme à l'instinct, et démontrer qu'à chaque époque de sa vie l'homme possède des instincts qui dirigent ses actions spontanées dans un rapport logique et fatal avec les conditions successives de son existence, et les modifications de son être. Le seul fait que nous croyions devoir signaler ici, c'est que l'homme, tout en étant doué dès son enfance des instincts nécessaires à sa situation, possède une puissance nouvelle, qu'il partage d'ailleurs avec les quadrumanes, et qui est l'instinct de l'imitation. Nous parlerons plus loin de cette faculté, développée par une organisation particulière.

. Portant le cachet de son origine, l'instinct est donc une action spontanée et savante qui n'est précédée d'aucune réflexion, d'aucun raisonnement, et n'est point, de la part de l'être qui l'exécute, l'effet d'une volonté libre. Comme la connaissance nécessaire et immédiate qui est l'attribut de la substance éternelle, l'instinct est, dans tous les êtres finis et contingents, une connaissance directe qui n'est point acquise par le moyen des idées, qui ne tâtonne point, qui ne cherche point, qui ne doute point. Il est, dans l'exactitude absolue des termes, une science innée, toujours actuelle, toujours présente et active dans chaque être; une science qui est infuse dans ses éléments constitutifs, qui lui donne sa forme, l'organise, le métamorphose et lui fait exécuter, pendant toute la durée de son existence, les actions nécessaires à ses fins diverses, et cela dans un rapport harmonique avec les lois nécessaires qui règlent l'exercice de la toute-puissance des atomes.

Si l'on cherche.l'origine de l'instinct, on trouve qu'il a pour causes efficientes la connaissance infinie et l'activité spontanée de la substance. Tous les merveilleux phénomènes de mutuel concours et d'harmonie qui se manifestent dans le travail de la formation des êtres, dans le jeu de leurs organes, dans leurs industries natives, ont leur source logique dans les attributs des atomes; toutes leurs propriétés instinctives se déduisent, comme leur existence même, de la connaissance de l'activité, de la constitution de la cause, du nombre de ses éléments et de la loi d'association qui les unit. Chacun des êtres contingents reçoit, avec sa forme spéciale, un instinct qui est la résultante logique de celle-ci, et les atomes agissent ainsi selon la forme sous laquelle ils se groupent temporairement.

Les actions instinctives, en tant qu'elles sont la manifestation directe des principes constitutifs des êtres organisés, préexistent au mouvement. Elles sont sans lui; mais lui ne peut être sans elles; et elles le font naître dans toutes les circonstances où elles ont besoin de le produire. Dans l'ordre physique, le mouvement résulte de l'attraction qui est la cause motrice la plus générale. Chez tous les corps, une action instinctive analogue, qu'on l'appelle cohésion ou affinité, précède le mouvement et le fait naître. Les désirs, les appétits, les sensations qui tous appartiennent également à l'instinct, sont les causes déterminantes des actions que les êtres organisés exécutent spontanément.

L'instinct présidant à l'origine de tous les mouvements, ceux-là mêmes qui, par suite de la mobilité des corps, paraissent n'avoir pour cause qu'une force aveugle, ont cependant dans l'action qui les produit une cause essentiellement rationnelle. Rien ne se meut au hasard dans l'univers, et l'instinct, qui représente la connaissance et l'activité des causes premières dans les êtres contingents, est le principe de toutes leurs évolutions. Chez l'homme, ainsi que chez les êtres qui lui sont inférieurs, tous les phénomènes qui président à la vie intérieure se résument dans ces deux mots : instinct et mouvement. L'admirable mécanisme de son organisation est d'abord instinctivement exécuté par les éléments de la substance génératrice, et chaque organe agit ensuite instinctivement selon sa forme et sa destination. L'homme n'a point la perception réfléchie de la connaissance immédiate qui préside à la formation de son être et à son développement. Elle agit en lui à son insu, et, pour vivre, il n'a pas besoin de savoir comment il vit.

De toutes les actions instinctives qui ont pour objet les relations de l'homme avec les êtres qui l'entourent, le désir est sans contestation la première, d'après la logique et l'expérience. Les désirs naissent avec la vie, et les appétits sensuels, comme les aspirations les plus élevées, appartiennent à l'ordre des faits instinctifs. Ils sont la manifestation directe, immédiate de la puissance virtuelle des éléments incarnés dans l'homme, et l'expression de ses besoins. En tant qu'instincts, ils sont en réalité une connaissance première proportionnelle à sa destinée, qui, avant toute acquisition de la science réfléchie, dirige ses actions vers un but qu'il ne connaît pas, mais que ce désir même tend à lui faire connaître, en donnant l'impulsion à ses facultés intellectuelles.

Après les désirs qui émanent directement de l'être lui-même et sont l'expression active de ses besoins, apparaît la sensation. Celle-ci n'est pas immédiate, comme le désir. Elle n'a rien d'initial et n'est point un acte spontané et direct. Il est impossible de ne pas la considérer d'abord comme passive, en ce sens que toute sensation a toujours sa cause première dans une action intérieure ou extérieure qui la précède et la détermine. Pour l'être qui l'éprouve, elle est un avertissement de ce qui se passe en lui ou hors de lui; et l'on peut comparer les sensations à des sentinelles placées sur tous les points pour avertir l'être vivant et mortel de tout ce qui peut lui être avantageux ou nuisible.

Quoique passive et provoquée par une action première qui la fait naître, la sensation a, comme le désir, le pouvoir de mettre en jeu les appareils du mouvement. Elle est, à ce titre, une réaction instinctive que les organes qui l'éprouvent exercent sur ceux de la locomotion, afin de préserver l'être total des dangers qui le menacent. Aussi les mouvements spontanés que les sensations déterminent sont-ils, dans un grand nombre de cas, comme les actions exécutées sous l'influence directe des désirs, tout à fait étrangers à la raison réfléchie et à la volonté.

Avant que l'ensemble des faits intellectuels se developpe, avant l'existence des idées, l'être vit, désire et sent. Il exécute instinctivement une multitude d'actions sous l'influence et la direction de ses désirs et de ses sensations. On doit considérer le désir comme un mode direct d'activité, et la sensation comme une réaction. Mais, soit que le désir éveille la sensation, soit que la sensation éveille le désir, tous deux ont également le pouvoir de déterminer une action mécanique des appareils de la locomotion, avant l'intervention de la volonté réfléchie.

A la suite des désirs et des sensations qui président à l'existence de l'homme pendant la première phase de la vie, et qui ne cessent jamais leurs fonctions, viennent bientôt, dans l'ordre naturel des faits, les actions intellectuelles et volontaires. Le point de départ de cette nouvelle série de phénomènes est le fait de la conception des idées, en d'autres termes de l'idéalisation des sensations produites sur les organes des sens par des causes extérieures ou intérieures.

Nous distinguons nécessairement l'action de sentir et celle d'engendrer des idées; mais il ne résulte pas de cette distinction que la nature de ces deux actions soit différente. Elles sont, au contraire, si étroitement liées, la faculté d'engendrer des idées dépend tellement de celle de sentir, qu'il serait impossible de supposer à chacune un point de départ différent; nous devons conclure qu'elles résultent d'une cause unique et complexe.

Il est facile maintenant de juger l'hypothèse des idées innées, si chère à l'ancienne philosophie, et qui, bien qu'erronée sous certains rapports, n'est pas dépourvue de toute vérité. Les idées innées ne sont en effet rien autre que la connaissance nécessaire que possèdent les causes immanentes en toutes choses. Elles sont ce que nous appelons l'instinct, c'est-à-dire la portion de la science infinie qui se manifeste dans chacun des êtres vivants. La seule réserve que nous ayons à faire, c'est que le mot idée ne convient pas à la connaissance immédiate des causes, mais à la science réfléchie, propriété acquise par certains êtres contingents, en raison de leur organisation cérébrale, et par le moyen de cette organisation.

Dans sa signification véritable, l'idée est un fait distinct, mais consécutif de la sensation, et qui reste pour nous le point de départ de toute la série des opérations intellectuelles. Elle est le phénomène primitif de l'intelligence et l'élément de la science réfléchie. L'apparition de ce fait est aussi fatale chez la plupart des animaux que l'instinct l'est chez la plante. C'est un moyen nécessaire de défense dans la grande lutte de la vie, moyen dépendant des organisations différentes. Nous allons le suivre dans son développement.

Après que l'homme, avec le secours de la sensation et par le travail de l'idéalisation qui s'opère en lui spontanément, car sa volonté est étrangère à cette génération, a pris connaissance des êtres extérieurs, de leurs actions et de leurs rapports; après qu'il a également pris connaissance de lui-même, de ses actions et de leurs rapports, il possède, dans cette somme d'idées, images des choses, les instruments de comparaison nécessaires à l'exercice d'une nouvelle fonction. Il est en puissance de raisonner; et les circonstances qui exigent l'exercice de cette fonction sont fatales. Elles dépendent de son organisation, des milieux, de ses rapports avec les autres êtres, et deviennent la sauvegarde de l'individu et de l'espèce.

Si l'homme n'avait qu'un seul besoin, qu'un seul désir, et n'était entouré d'aucun danger ; si ce désir unique n'avait pour but qu'un seul objet, l'homme ne raisonnerait pas. Il agirait spontanément, fatalement pour satisfaire ce désir, en s'unissant à son objet. Mais, être complexe et né d'une association, il vit dans un milieu complexe. Il a une foule de désirs, de besoins, de rapports ; il éprouve mille sensations, mille sentiments opposés ; il faut qu'il avance dans un labyrinthe coupé de traverses et qui, à chaque pas, lui présente des sentiers différents entre lesquels il doit choisir.

C'est sous l'empire de cette loi, et lorsque déjà, par une certaine expérience de la vie, ses désirs, ses besoins, ses divers modes de sentir et d'agir sont représentés par ses idées, que naît en lui la nécessité du raisonnement. Non seulement il y est préparé par l'acquisition des idées qui, grâce à sa mémoire, reproduisent en lui-même l'image de toutes les choses qui l'intéressent, mais il est impérieusement forcé d'agir. Le raisonnement est donc une des nécessités de son existence. C'est une action qu'il exerce fatalement, comme toutes les fonctions fondamentales de la vie. C'est un des modes naturels d'activité, résultant de son organisation, qui se perfectionne, il est vrai, par l'usage, mais qui est, dans le principe, involontaire et spontané.

Suivons bien l'ordre et la succession des faits. Tandis que l'homme raisonne instinctivement sous l'influence de ses désirs, de ses sentiments et de ses idées diverses, il ne veut pas encore, et, avant qu'il puisse vouloir, il faut qu'un acte nécessaire soit accompli. Cet acte, c'est le jugement. Juger n'est pas raisonner, pas plus que sentir n'est engendrer des idées. C'est une autre action, sans laquelle il n'y aurait pas de volonté. Or l'homme ne peut pas plus se dispenser de juger que de raisonner, que de concevoir des idées, que de sentir. Il y a quelque chose d'aussi fatal pour lui dans la fonction de juger, que dans toutes les autres actions qui l'y conduisent. Aussi la faculté de juger s'exerce-t-elle involontairement, spontanément, et c'est un des modes d'activité instinctive qui caractérisent l'homme, comme être intelligent.

Ce mode d'action qui précède la volonté, qui est destiné à la déterminer et à la diriger, n'est point soumis à son empire. L'homme raisonne et juge, nous ne saurions trop le répéter, primitivement sans le vouloir, et cela selon les aptitudes personnelles résultant de son organisation cérébrale. Il ne dépend pas de lui de ne pas raisonner, de ne pas juger. S'il tente d'étouffer son raisonnement et son jugement par une réaction de sa volonté, il ne peut y réussir, et ces deux facultés, réunies sous le nom de conscience, conservent tous leurs droits.

L'antériorité du raisonnement et du jugement étant donnée, vient enfin, suivant la succession des faits moraux et intellectuels, le mode d'activité auquel on donne le nom de volonté. Cette faculté n'est donc pas, comme le désir, une action initiale, une manifestation spontanée de la science et de l'activité des causes élémentaires. Elle dépend d'une série d'opérations antérieures. Pour être possible, elle doit être précédée par un raisonnement et un jugement; sans quoi elle n'appartiendrait pas à l'ordre des actions intellectuelles, mais à celui des actions instinctives.

Non seulement la volonté n'a pas d'initiative réelle,

mais elle n'agit jamais seule. Alors même que, dans
l'exercice de ses plus hautes fonctions, la volonté semble commander aux passions, il y a d'autres pouvoirs
que le sien qui agissent ; il y a derrière elle d'autres
désirs, d'autres sentiments que ceux auxquels elle
résiste, et à la satisfaction desquels la raison n'a pas
donné la préférence, dans un but de conservation ou
de bonheur plus éloigné. La volonté seule n'aurait
aucun pouvoir, car elle n'agit jamais pour son propre
compte. Vouloir pour vouloir serait un acte sans
objet, et ce n'est qu'avec le secours des désirs auxquels elle s'allie, et sous les auspices de la raison, que
la volonté fait équilibre aux passions et les neutralise.
Elle ne dompte un désir quelconque que par un autre
désir.

La volonté est donc en réalité la dernière des actions
intellectuelles. Avec tout le système des phénomènes
de l'intelligence qu'elle résume, elle n'est qu'un pouvoir
modérateur et auxiliaire, dont la fonction a pour principe et pour fin le gouvernement et la satisfaction des
désirs de l'homme. Elle ne fait rien qu'avec leur secours et par eux. Elle ne peut les anéantir, car elle
anéantirait la vie ; et sa puissance ne s'exerce que sur
les organes du mouvement qui sont destinés à obéir à
ses commandements.

CHAPITRE VIII

LA PERSONNALITÉ HUMAINE

Il nous reste à déterminer la place que l'homme occupe dans l'univers, en sa qualité d'être intelligent et social. Il ne suffit pas, en effet, de connaître les lois générales auxquelles sont soumis tous les êtres contingents, il faut encore trouver, dans les attributs de la cause, la source des facultés intellectuelles et morales que l'homme possède et qui sont en rapport logique avec ces lois. Il faut trouver, dans la substance même de son être et dans les propriétés de cette substance, le principe de son activité individuelle, sans laquelle sa liberté n'existerait pas.

Ce n'est pas assez de placer la raison de la liberté dans les lois qui régissent le monde ; il faut encore en découvrir le principe dans l'homme lui-même ; il faut pouvoir assigner à ses actions et à sa volonté une source indépendante de toute puissance étrangère. Sans la condition d'une spontanéité personnelle, la liberté serait un fait impossible. L'homme ne serait pas libre ; il serait l'instrument passif et le jouet d'un pouvoir supérieur. Il n'aurait pas dans sa propre nature un titre légitime par lequel il pût affirmer son droit à la liberté, attribut qui implique nécessairement la souveraineté de soi-même.

Trouver dans la doctrine que nous avons précédemment exposée l'explication des actes intellectuels et moraux, et le principe de l'action directe et personnelle de l'homme, de laquelle dérivent ses droits et ses devoirs dans l'ordre naturel et social, tel est le problème qui nous reste à résoudre.

Nous avons dit qu'il ne faut voir dans le fait de l'unité des êtres vivants que le résultat d'une action simultanée, réalisée par l'identité des principes qui les constituent. Cette unité, qui semble n'avoir qu'une seule cause, en raison de l'harmonie de toutes les causes qui la produisent, engendre, chez les animaux supérieurs, la conscience de l'individualité, appelée philosophiquement le moi. Dans cet écho intérieur dont le cerveau de l'homme est le siège, et qui lui révèle la réalité de son être, il n'y a pas simplicité de cause, mais pluralité, organisation, harmonie. Il y a l'unité d'une fédération parfaite.

Cette affirmation de la vie, qui pour l'être intelligent a lieu dans le for intérieur de sa conscience, et par laquelle il prend une connaissance réfléchie de son existence distincte, n'est donc, comme la vie elle-même, dont elle est l'expression, qu'une résultante qui a ses causes et sa raison dans l'association et l'organisation spéciale des éléments qui constituent l'homme vivant. Le phénomène du moi, en tant qu'il est une affirmation, un jugement qui implique la comparaison, n'est d'ailleurs possible que dans un être complexe et organisé. Un être simple ne pourrait l'engendrer, puisque, par l'absence de tout rapport intérieur, il n'aurait pas en lui-même la raison d'une action quelconque. Il ne pourrait pas produire en soi l'unité du moi et l'affirmer, parce que, étant simple, il ne serait pas l'unité sociale et harmonique dont ce phénomène est la plus haute expression. Bien loin d'être un fait contraire à la loi de la toute-puissance, à la loi d'association qui est celle de la vie, le moi est l'affirmation d'une société parfaite, le témoignage d'une vie commune, d'une existence sociale des causes élémentaires qui, pour agir, pour sentir et se connaître, se sont associés, sous la condition d'une solidarité dont le moi est l'expression.

Il en résulte que la connaissance de soi-même, qui est l'essence de la personnalité, n'est pas un attribut attaché à l'existence même, mais une acquisition, un fait conditionnel qui n'a rien d'absolu. Entre le premier moment de l'existence de l'homme et la connaissance qu'il acquiert de cette existence, il y a un intervalle de temps pendant lequel s'accomplissent des séries très compliquées de phénomènes physiologiques antérieurs à tout phénomène intellectuel. Dans l'état embryonnaire qui est la première phase de la vie, dans le fœtus, et longtemps même après la naissance, l'enfant ne vit que d'une façon inconsciente. Ce n'est qu'après avoir passé par les vies végétative et animale, qui se continuent chez lui et par lesquelles il est lié à l'ensemble des êtres, qu'il arrive progressivement, par le développement typique de ses organes, à l'exercice simultané des facultés qui en sont les fonctions, et qu'il parvient à la vie intellectuelle.

Ces trois modes se succèdent, se superposent en quelque sorte et se combinent sans se détruire, selon des rapports qui subordonnent l'avènement et la manifestation des phénomènes de la personnalité aux fonctions physiologiques de la vie organique. On voit poindre, dans le jeune enfant, quand ses sens l'ont mis en communication avec les objets extérieurs, un sentiment

obscur de son individualité. C'est le signe avant-coureur
de la personnalité ; mais il y a loin encore du moment
où ce sentiment instinctif se révèle , à celui où le
moi se constitue par le concours de toutes les facultés
de l'homme, et où celui-ci prend connaissance et pleine
possession de lui-même. L'instant précis où s'accomplit
la conception intellectuelle de l'unité organique reste
un mystère pour tous les hommes. Nul ne peut retrouver
dans son passé la trace de sa première pensée et le moment où il s'est fait homme, en constatant, par un
jugement fondé sur l'idée réfléchie de lui-même, sa
propre personnalité. Cette date, qu'il ne peut fixer, est
cependant postérieure à celle de la naissance, qu'il ne
connaît que par le témoignage d'autrui ; et la condition phénoménale et contingente du moi est démontrée
par cette double ignorance.

La génération du moi est non seulement précédée
par le développement physique, mais le phénomène
intellectuel est encore subordonné à toutes les conditions d'une organisation normale et reste dans la dépendance des fonctions régulières du cerveau. Il suffit
d'une lésion , d'un dérangement d'équilibre , voire
même d'une impression de cet organe ou de ceux qui
ont avec lui mille rapports de solidarité, pour que le
phénomène du moi éprouve les plus grandes perturbations, et qu'il cesse même de se produire, alors que l'être
humain n'est privé ni de la vie végétative ni de la vie
animale.

La contingence du moi est attestée par l'intermittence
de la veille et du sommeil. L'homme qui dort sans rêve
n'a plus conscience de son existence, et les fonctions
des organes qui produisent le phénomène de la personnalité sont suspendues. Dans les syncopes, dans la lé-
thargie, le moi s'évanouit ; et, dans certains cas de

folie, l'homme perd jusqu'à l'idée de son identité. La chaîne de ses souvenirs est brisée ; sa mémoire cesse de relier entre eux les éléments du moi. Il n'est pas rare que les fous substituent une personnalité étrangère à la leur, et il en est qui s'imaginent avoir changé de sexe ou qui se croient métamorphosés en animaux. L'existence toute phénoménale du moi est encore démontrée par les altérations qu'il subit chez les vieillards décrépits. L'imbécillité sénile est la contre-partie de l'imbécillité de l'enfance ; et l'organisme humain, dans son insuffisance comme dans sa désagrégation, conduit à des résultats identiques.

Procédant selon la méthode scientifique, la raison affirme donc la contingence du moi, mais elle reconnaît en même temps que le moi est un, au point de vue psychologique, parce qu'il résume l'homme tout entier, c'est-à-dire l'homme physique, intellectuel et moral. Ces trois ordres de phénomènes, distincts et inséparables, forment, par leur réunion, la personnalité, et sont indivisiblement compris dans le moi, formule qui exprime la substance de l'homme, ses sensations, ses sentiments et ses volontés. Le moi idéal est l'idée complexe, généralisée et unifiée de toutes ces choses ; et, comme c'est par leur réunion qu'il existe, il les représente toutes à la fois. L'unité du moi est, en résumé, ainsi que l'unité de l'être organisé, une unité de composition.

En changeant de substance molécule par molécule, l'homme ne cesse pas d'être lui-même, et d'être un dans tout ce qui constitue son individualité physique, intellectuelle et morale. Pendant toutes les périodes de son existence, la triple unité du moi se révèle par une harmonie parfaite avec tous les phénomènes qui le déterminent. Chez l'enfant, l'éveil des facultés intellectuelles

et morales correspond au développement progressif de
l'organe cérébral. Chez l'homme fait, la plénitude de
vie engendre l'énergie des sentiments et l'épanouissement de la personnalité. Chez le vieillard, la décrépitude que subit l'intelligence révèle l'atrophie de la
couche corticale du cerveau.

Les cellules vivantes se substituent les unes aux autres dans l'organisme vivant, en reproduisant la forme,
les traits du corps, ses défauts même, et jusqu'aux
moindres signes qui le caractérisent, de telle sorte qu'il
est et qu'il se reconnaît toujours le même, bien qu'il ait
changé de substance. Il en résulte que le cerveau, étant
réellement toujours le même, doit nécessairement engendrer les mêmes idées ; et le moi reste ainsi identique
à lui-même, sans qu'il s'aperçoive des modifications
lentes et cruelles que l'âge lui fait subir. Mais c'est ici
qu'il faut surtout admirer la science merveilleuse des
atomes ; l'art avec lequel ils s'adaptent aux organisations les plus diverses révèle en eux une activité égale
à celle qui préside à l'apparition et au développement
de l'embryon.

Primitivement étrangers à l'homme, les éléments annexés sont à peine entrés dans son organisme, qu'ils
remplissent spontanément les fonctions spéciales de
leurs prédécesseurs. Non seulement ils les remplacent
dans l'organe où ils sont incorporés, mais leur aptitude à toute mission est telle qu'ils en rempliraient de
différentes dans les autres organes, avec la même
science spontanée de ce qu'ils auraient à faire. La seule
induction à tirer de ces faits est toujours celle de l'unité
substantielle de l'univers, de l'identité de nature des
éléments qui constituent les êtres divers, lesquels, selon
les milieux et les circonstances, apparaissent dans l'espace et le temps. N'est-ce pas la possession des mêmes

attributs de la même puissance qui permet à ces éternels invisibles de prendre toutes les formes, et d'être à
la fois les matériaux, les ouvriers et les architectes de
l'univers? N'est-ce pas à la constitution de la substance
et à la multitude infinie de ses éléments qu'il faut rapporter, comme leurs effets naturels, les phénomènes
d'unité de composition et de relativité qui se manifestent dans tous les corps? N'est-ce pas à cette identité
substantielle qu'il faut surtout attribuer la possibilité
et la réalisation du phénomène de la substitution des
éléments dans un être qui ne cesse pas d'être un, malgré les modifications qu'il éprouve?

Ainsi que tous les faits observés le démontrent, l'unité
résulte donc toujours d'une association. Sous ses trois
aspects, physique, intellectuel et moral, elle est un phénomène de relation, réalisé dans l'homme par l'activité
propre de ses organes et de leurs éléments constitutifs.

CHAPITRE IX

LA LIBERTÉ

C'est pour avoir confondu les termes : liberté et indépendance, qui représentent deux choses absolument différentes, que l'on s'est fait une idée fausse de la nature de la cause première, et qu'on lui a attribué la liberté qui ne peut lui appartenir, tandis qu'il n'est pas possible qu'elle soit privée de l'indépendance.

Par cela seul qu'elle existe éternellement et qu'elle est infinie, la substance est logiquement indépendante, puisque rien n'étant qui ne soit elle, il n'y a hors d'elle rien qui lui soit supérieur. En affirmant la loi qui règle ses actions et en donnant à cette loi le nom de nécessité, comme formule exprimant son éternelle existence, nous ne soumettons pas la cause à un pouvoir étranger qui la précède et la domine. Il n'y a dans ce mot rien que la reconnaissance d'une condition qui est celle de tous les attributs de la substance, et qui, comme elle-même, a le privilège d'exister sans raison première.

L'être absolu, à qui son caractère de cause ne permet pas de ne pas être complet, renferme donc sa loi nécessaire, qui doit être identifiée avec lui et dont on ne peut, sans le détruire, faire une entité antérieure ou supérieure à lui. Cette nécessité ne l'opprime pas ; elle n'est en définitive que lui-même considéré dans une des conditions essentielles de son être. Lorsqu'on parle de la loi en vertu de laquelle la cause agit, on n'exprime donc pas un fait qui altère son indépendance, puisqu'elle n'obéit à aucun autre pouvoir qu'au sien propre, puisqu'elle n'agit que conformément à sa propre loi.

Si nous considérons maintenant dans la cause multiple l'essence même de la loi à laquelle sont soumis tous ses éléments constituants, nous remarquons que leur indépendance reste toujours identique à elle-même ; car cette loi n'est que le rapport universel qui existe entre ses éléments, et la participation de chacun d'eux à la loi dont ils sont les coefficients sauve leur indépendance. Nul d'entre les atomes n'est soumis à autre chose qu'à une nécessité qui les enchaîne les uns aux autres pour faire d'eux tous une cause à la fois une et multiple. La loi ne peut donc être supérieure à eux dans son principe, puisque, n'étant que le produit de leur rapport, elle n'existerait pas sans eux.

Revenons maintenant à la liberté.

Si le caractère de l'indépendance est de ne reconnaître aucun pouvoir supérieur, aucune autre loi que la sienne, celui de la liberté est tout différent. En prenant l'homme pour exemple, la condition de son existence n'est point d'être indépendant de tout principe, de toute loi antérieure à lui, puisqu'il n'est pas cause, mais effet. Il existe en vertu de rapports indépendants de sa volonté et qui le dominent, comme être contingent. Il est donc fatalement dépendant de la substance et de ses attributs.

Malgré cette soumission aux lois éternelles, l'homme est libre dans la mesure de ce qui est nécessaire à sa conservation. Notre liberté consiste dans le choix de nos actions ; et, pour arriver immédiatement aux limites de ce pouvoir, nous dirons qu'il consiste dans la possibilité volontaire d'être ou de ne pas être. L'acte suprême de la liberté est en effet celui par lequel l'être vivant peut choisir entre la vie et la mort. C'est dans ce choix que nous plaçons le fait capital qui doit nous servir de base pour affirmer la liberté de l'homme, et pour établir la différence radicale qui existe entre l'indépendance et la liberté. Si l'homme est libre, c'est que, par un effet de sa volonté, il peut hâter ou reculer dans certaines limites le terme de son existence; c'est parce que sa vie dépend d'une loi universelle à laquelle tous les êtres vivants sont soumis : celle de la mort.

Pour différencier l'indépendance et la liberté, nous avons donc, d'une part, l'absence de toute puissance supérieure, ce qui est la condition des causes et non celle de l'homme; d'autre part, le choix de la vie ou de la mort, qui est la condition de l'homme et non pas celle des causes. La liberté et l'indépendance sont par suite incompatibles dans le même être, les atomes ne pouvant être libres parce qu'ils sont éternels, les hommes ne pouvant être indépendants parce qu'ils sont des effets contingents produits par les atomes et selon les lois de la substance. La mort est l'une des conditions indispensables de la liberté, puisque, sans elle, l'être libre ne pourrait choisir entre l'être et le non-être, et puisque la raison de sa liberté n'existerait pas s'il n'avait à défendre son existence, et s'il n'avait le choix possible entre la vie et la mort, qui, au point de vue relatif des êtres contingents, représentent le bien et le mal dans leur formule la plus générale.

Reste à concilier la liberté avec la fatalité des phénomènes.

C'est faute d'avoir reconnu le rapport qui existe entre

l'être libre et l'ordre fatal des faits au milieu desquels il est placé, que la liberté a été considérée comme une propriété incompatible avec la fatalité, tandis qu'elle ne pouvait en réalité se rencontrer qu'avec elle.

Tout ce qui est éternel, les atomes et leurs attributs, existant sous la condition de la nécessité, il est incontestable que la liberté d'être ou de ne pas être, d'agir ou de ne pas agir, de suivre ou de violer la loi, n'est point la propriété de la substance, envisagée dans sa causalité absolue. Le fait de la liberté n'offre au contraire aucune contradiction chez l'être temporel, car, n'étant qu'une propriété contingente comme celui qui la possède, cette liberté ne peut, quoi qu'elle fasse, troubler l'ordre nécessaire, et porter atteinte à la puissance des causes et à leurs lois éternelles. Tous les êtres auxquels elle appartient, tous leurs actes et toutes les conséquences de ces actes font partie de l'ordre des choses temporelles, où tout change et se transforme.

Dans le cas où, par l'effet de leur volonté, les êtres libres violent les lois particulières à leur existence, ils ne font qu'abréger cette existence passagère, et l'ordre temporel qu'ils ont tenté de modifier se rétablit par leur destruction. La volonté d'un être libre ne peut donc, quoi qu'il fasse, troubler l'ordre éternel. Elle ne peut non plus troubler l'ordre contingent d'une manière durable, attendu que le perturbateur est mortel. Si au contraire la liberté et l'éternité se trouvaient réunies dans le même être, c'est alors que la liberté pourrait détruire l'ordre, puisqu'elle pourrait, en vertu de sa puissance, résister éternellement aux lois éternelles, ce qui les rendrait inefficaces et leur enlèverait le caractère de nécessité par lequel elles sont lois. Avec de tels êtres, il n'y aurait plus que désordre dans l'univers, car il n'y aurait plus obligation de suivre la loi, ni de remède à sa violation.

La substance n'est donc pas libre, parce qu'elle est nécessaire et qu'elle n'a pas le choix d'être ou de n'être pas. Elle n'a pas besoin de la liberté qui, considérée dans son objet, n'est qu'un moyen de conservation pour la créature qui en jouit. Cette faculté préservatrice ne peut être que la propriété d'un être passager, qui n'est libre que parce qu'il peut et doit mourir. Appartenant à tous les êtres qui font partie du règne animal, dans une proportion relative à leur organisation et à leur mode d'existence, la liberté est la condition de leur vie dans un milieu où ils sont exposés à mille dangers, où ils sont sujets à une foule de besoins dont ils doivent chercher la satisfaction. Sans la liberté, ils ne vivraient pas, et leur destinée ne pourrait s'accomplir. Elle est pour eux une propriété fatale dans ce sens que nous avons donné à ce mot, parce qu'elle appartient à des êtres passagers qui la reçoivent comme condition de leur existence.

La liberté, disons-nous, est la sauvegarde de tous les êtres qui font partie du règne animal. Instinctive et irréfléchie chez les uns, elle devient volontaire et réfléchie chez l'homme et les animaux supérieurs, par le concours de moyens qui, résultant d'organismes plus élevés, lui servent d'auxiliaires. Selon qu'ils ont plus ou moins d'intelligence, qu'ils sont plus ou moins capables de raisonner, les êtres font de cette liberté un usage plus ou moins étendu. D'instinct, elle passe à l'état de faculté consciente ; mais, dans cette condition, la liberté relève encore de la fatalité, car les éléments de la raison sont compris dans l'ensemble des faits et des rapports qui constituent le monde contingent, et qui enveloppent l'être libre dans leur réseau.

La fatalité n'est donc pas ce fanatisme absurde qui se confond avec l'idée de la nécessité, et conduit à faire considérer comme nuls tous les moyens que la science et la raison donnent à la liberté pour accomplir sa mission conservatrice. Elle n'est pas absolue, puisqu'elle est de l'ordre contingent, qui peut, dans certains rapports, être modifié, tandis que la nécessité s'élève au-dessus des lois fatales, au-dessus de la vie et de la mort, du plaisir et de la douleur, au-dessus du bien et du mal, qui sont les formules expressives de ces lois.

Etant donnée l'obligation ⌐où se trouve la substance de n'engendrer que des êtres passagers et successifs, tous soumis à la loi de destruction, il en résulte : 1° que, cette loi étant la raison suprême de la toute-puissance, le bien et le mal, la vie et la mort sont, dans l'ordre des choses relatives, deux nécessités indivisibles; 2° que la vie étant un bien pour les êtres contingents, alors même qu'elle est limitée par la mort, elle ne cesse pas à plus forte raison d'être un bien quand elle est sujette à quelque chose de moindre que la mort, à la douleur; 3° que celle-ci, loin d'être un mal absolu, est un avertissement donné à l'homme, plus efficace souvent que le plaisir; et nul être ne pourrait durer sans elle.

Averti par la douleur et sa raison, l'homme sait ce qui est utile ou nuisible à son organisation passagère. La douleur et le plaisir sont donc aussi nécessaires à la conservation de la vie que la raison et la liberté. Si l'homme fait usage de ces dons, il adoucira ce que les lois de l'univers mêlent de souffrance à ses joies. Il parviendra à utiliser à son profit les forces de la nature qui lui sont contraires; mais il ne doit pas demander que les lois éternelles soient modifiées. Il doit se résigner à la douleur quand il ne peut la combattre et à la mort qu'il ne peut éviter. La liberté et la science ne peuvent rien sur les choses éternelles.

Il n'en est pas de même quant à ce qui est relatif. La liberté peut sans contradiction modifier toute une série de phénomènes. Par l'observation de l'enchaînement des faits et la connaissance des lois qui les produisent, l'homme parvient à combattre un fait par un autre. Il oppose une fatalité à une fatalité différente. Il combat la nature avec ses propres armes, et domine l'ordre contingent jusqu'au point où celui-ci touche à la nécessité.

C'est là qu'est l'emploi de la raison, le but où l'homme est conduit par l'usage de ses facultés, qui toutes concourent à cette fin, que nous appellerons fatale, puisqu'il est fatalement libre et intelligent.

CONCLUSION

La science et la logique nous ont conduits à reconnaître que l'univers a sa cause en lui-même ; qu'il est
cause dans ses éléments éternels, effet dans sa forme,
toujours immuable dans sa substance, toujours changeant dans ses accidents ; qu'il est le produit de l'incessante activité des atomes doués des attributs nécessaires à l'action, et trouvant dans leur nombre la raison
de cette action.

En généralisant et en résumant toutes ces idées pour
les rapporter, dans une vue d'ensemble, à leur objet réel,
nous voyons que l'univers est un être vivant, perpétuellement renouvelé par les causes qui lui sont inhérentes.
Les mondes succèdent aux mondes par une suite de
révélations fécondes, et la substance cache son éternité
dans l'éphémère qui ne vit qu'un jour, comme dans les
astres qui durent des millions de siècles.

L'idée d'un commencement et d'une fin ne doit être
conservée que pour chacun des phénomènes successifs
qui viennent, au moment assigné par les lois de la toute-
puissance, prendre leur place dans le monde contingent. Mais, dès que l'intelligence conçoit une cause nécessaire, et dans cette cause un moyen d'exercer son
activité, elle conçoit un effet constant. L'univers lui

apparaît comme une nécessité égale à celle de la cause, puisque nier l'éternité de l'univers serait nier l'éternité de la cause.

Ce n'est plus l'idée de l'infini, l'idée de l'éternité, qui pourrait confondre la raison ; ce serait celle du fini qu'elle ne comprendrait pas, si elle ne venait se reposer et trouver le principe de tous les phénomènes dans l'idée d'une cause infinie, éternelle, et dans la connaissance des lois en vertu desquelles cette cause engendre tous ses modes contingents. Ces lois, qui rendent intelligible l'existence de l'univers, et par lesquelles est résolu le double problème de l'infini et du fini, dévoilent à la fois le secret de l'éternité et celui du temps. L'esprit embrasse ainsi l'œuvre perpétuelle, et comprend qu'il est impossible de remonter, par la pensée, à un premier anneau de la chaîne non interrompue des phénomènes qui se succèdent dans la série infinie des temps, puisque le premier anneau n'existe pas, et ne pourrait être supposé sans anéantir logiquement la puissance éternelle.

L'action de la substance a toujours été ce qu'elle est dans le présent. Les lois d'association et de transformation s'accomplissent incessamment. Le temps lui-même, qui semble tout enfermer dans ses replis, n'existe pas pour l'absolu ; et le passé, le présent et l'avenir se confondent dans l'éternité. Telles sont les plus hautes vérités que le raisonnement puisse atteindre et que l'esprit puisse concevoir. Au delà, il n'y a plus rien d'intelligible ; en deçà, il n'y a plus que la négation de la toute-puissance infinie. Ce sont les bornes du monde intellectuel qui limitent toutes les spéculations de la raison, et réunisssent, dans un rapport nécessaire, l'idée de la cause éternelle et celle d'un éternel effet.

Nous en déduirons le corollaire important que la

seule connaissance qu'il soit possible à l'être contingent d'obtenir sur la nature de la cause ne peut être que le produit du raisonnement. Sous l'empire de la loi d'association par laquelle elle est cause, la substance se dérobe à toute observation directe. Elle reste cachée à toutes les créatures qu'elle génère, et ne peut jamais, dans aucun temps de l'éternité, leur apparaître que sous l'aspect des formes phénoménales qui sont les seules manifestations de son existence. « Elle est, a été et sera, disaient les prêtres de Saïs, et nul ne soulèvera jamais les voiles qui la couvrent. »

C'est donc au raisonnement seul, et par induction, qu'il est donné d'arriver à la science, dans les termes et les conditions qui sont permis à l'intelligence par la nature des choses. Cette science est si bien la seule qu'il soit possible à l'homme d'obtenir que, dût-il vivre pendant un laps de temps beaucoup plus considérable, la connaissance de la cause qu'il pourrait posséder, après des milliers d'années d'observations, ne serait autre que celle qu'il aurait acquise pendant la durée normale de son existence.

Alors même qu'on lui accorderait une intensité de facultés intellectuelles plus puissante, son rapport avec la cause ne changerait pas. Celle-ci se révélant dans tous les temps par des lois immuables comme elle, l'homme n'aurait toujours qu'un seul moyen de la connaître ; et, s'il en était autrement, il faudrait admettre qu'il existe deux modes différents de manifestation de la toute-puissance, dont l'un prévaudrait sur l'autre pendant un temps de l'éternité, ce qui équivaudrait à supposer deux causes, deux systèmes de lois nécessaires, et détruirait l'harmonie universelle.

S'il était possible que l'homme pût habiter tour à tour les sphères si variées qui brillent au firmament, il

y trouverait sans doute des sujets d'étude toujours nouveaux ; mais, quand il aurait passé des myriades de
siècles à voyager ainsi de sphères en sphères, il aurait
reconnu partout l'application des lois éternelles. Dans
tous les systèmes stellaires, il n'aurait vu rien autre
chose que des êtres formés comme lui par l'association
des éléments de la substance, et chacun des mondes
parcourus lui aurait offert des phénomènes particuliers
à sa constitution, et des êtres dont l'organisation et les
facultés seraient en rapport nécessaire avec ces divers
milieux.

A quelque point qu'il s'arrêtât dans ce voyage à travers l'espace, il n'aurait encore observé que quelques
effets de la toute-puissance. Les champs du ciel s'ou-
vriraient toujours devant lui avec la même étendue,
avec les mondes inconnus et les cycles sans fin des ge-
nèses à venir. Toute sa science, acquise par des observations aussi multipliées qu'on voudra le supposer, ne
serait jamais qu'une science bornée , qui embrasse-
rait une plus grande somme de phénomènes, mais qui
ne lui découvrirait pas d'autres moyens que celui de
l'association par lequel les atomes se manifestent en
tous temps et en tous lieux. Partout il reconnaîtrait les
mêmes lois, la même action générale qui maintient
l'équilibre des sphères ; et la substance se refuserait
également à toute révélation directe.

La raison seule connaît la cause, par induction logique, dans son essence primordiale, et coordonne les
résultats de l'observation. Fondant la science humaine,
elle affirme sa mission et sa souveraineté. Elle sait
qu'elle doit être, parce qu'elle est pour l'homme la seule
faculté protectrice ; et c'est à elle-même qu'il convient
de fixer l'étendue de ses droits, et d'en accepter les limites.

Les besoins d'amélioration générale qui tourmentent l'humanité témoignent d'une activité tendant sans cesse vers une situation meilleure. Le désir de connaître développe en nous certaines aptitudes qui ne rencontreront leur entier épanouissement que chez les générations futures ; et c'est pour celles-ci que nous travaillons, pour elles que nous perfectionnons nos facultés intellectuelles. Lorsque nous nous abandonnons à l'un de ces vices moraux qui accompagnent toujours une altération cérébrale, nous l'aggravons ; nous baissons dans l'échelle humaine, et nous transmettons à nos enfants un organisme plus défectueux. Nous devons donc perpétuellement lutter, modifier nos dispositions mauvaises, léguer par suite une existence plus heureuse. La nature nous récompensera par un sentiment qui se développe ou s'atténue selon les progrès ou les chutes de notre race, celui du devoir accompli ; et nous ne connaissons pas de plus admirable sanction.

C'est dans la doctrine rationnelle, telle que la science et le raisonnement l'ont constituée, que l'homme découvre la loi de son existence, comme être personnel, libre, intelligent et perfectible dans la mesure de son organisation ; qu'il trouve le point de départ de toute morale dans ses rapports avec autrui. C'est là que nous pouvons concevoir la théorie de la justice réalisable par notre propre volonté, et qu'au-dessus de la justice nous pouvons nous élever jusqu'à la vertu, dernier terme de la perfection humaine.

La justice mesure, partage, indemnise, distribue des récompenses et des peines, et tend à établir l'équilibre entre tous. La vertu donne sans compter, se dévoue et se sacrifie ; mais elle n'est la vertu que si la justice ne s'immisce pas dans ses œuvres. Elle ne veut aucune rémunération. Elle se suffit à elle-même, et c'est en cela que consiste sa grandeur et sa sublimité. C'est une vierge immaculée qui ne souffre pas qu'on la récompense, fût-ce par une éternité de béatitudes, et qui reçoit de l'injustice, lorsqu'elle en est victime, son plus grand éclat et sa consécration.

Il n'est possible d'atteindre que par la vérité cette vertu adorable, proposée à l'homme comme le but le plus élevé de la morale ; et, si elle ne s'acquiert que par la perte de quelques illusions, elle est assez grande et belle pour suffire au philosophe.

FIN

TABLE DES MATIÈRES

Coulommiers. — Imp. PAUL BRODARD.

BIBLIOTHÈQUE DE PHILOSOPHIE CONTEMPORAINE

Volumes in-18 à 2 fr. 50 c. — Cartonnés, 3 fr.

H. Taine.
Le Positivisme anglais. 2e éd.
L'Idéalisme anglais.
Philosophie de l'art. 3e éd.
Philos. de l'art en Italie. 2e éd.
De l'Idéal dans l'art. 2e éd.
Philos. de l'art dans Pays-Bas
Philos. de l'art en Grèce.

Paul Janet.
Le Matérialisme contemp.
2e éd.
La Crise philosophique.
Le Cerveau et la Pensée.
Philos. de la Révol. française.
2e éd.
St-Simon et le St-Simonisme.
Spinoza : Dieu, l'homme.

Odysse Barrot.
Philosophie de l'histoire.

Alaux.
Philosophie de M. Cousin.

Ad. Franck.
Philos. du droit pénal.
Philos. du droit ecclésiastique
Philosophie mystique au
xviiie siècle.

E. Saisset.
L'âme et la vie.
Critique et histoire de la
philosophie.

Charles Lévêque.
Le Spiritualisme dans l'art.
La Science de l'invisible.

Auguste Laugel.
Les Problèmes de la nature.
Les Problèmes de la vie.
Les Problèmes de l'âme.
La Voix, l'Oreille et la Musique.
L'Optique et les Arts.

Challemel-Lacour.
La philos. individualiste.

Charles de Rémusat.
Philosophie religieuse.

Albert Lemoine.
Le Vital. et l'Anim. de Stahl.
De la Physion. et de la Parole.
L'Habitude et l'Instinct.

Milsand.
L'Esthétique anglaise.

A. Véra.
Essais de philos. hégé''

Beaussire.
Antécéd. de l'hégélian

Bost.
Le Protestantisme libéral.

Francisque Bouillier.
De la Conscience.

Ed. Auber.
Philosophie de la Médecine.

Leblais.
Matérialisme et spiritualisme

Ad. Garnier.
De la morale dans l'antiquité.

Schœbel.
Philos. de la raison pure.

Tissandier.
Des sciences occultes.

J. Moleschott.
La Circulation de la vie.
2 vol.

L. Büchner.
Science et nature. 2 vol.

Ath. Coquerel fils.
Transf. du christianisme.
La Conscience et la Foi.
Histoire du Credo.

Jules Levallois.
Déisme et Christianisme.

Camille Selden.
La Musique en Allemagne.

Fontanès.
Le Christianisme moderne.

Saigey.
La Physique moderne. 2e tir.

Mariano.
La Philos. contemp. en Italie.

E. Faivre.
De la variabilité des espèces.

J. Stuart Mill.
Auguste Comte. 2e éd.

Ernest Bersot.
Libre philosophie.

Albert Réville.
La divinité de Jésus-Christ.
2e éd.

W. de Fonvielle.
L'astronomie moderne.

G. Coignet.
La morale indépendante

Roisel
La Substance, essai de philosophie

E. Vacherot.
La Science et la Conscience.

Em. de Laveleye.
Dés formes de gouvernement.

Herbert Spencer.
Classification des sciences.

Max Muller.
La science de la religion.

Ph. Glaucker.
Le Beau et son histoire.

L.-A. Dumont.
Hæckel et l'évolution.

Bertauld.
L'ordre social et l'ordre mora
Philosophie sociale.

Th. Ribot.
La Philos. de Schopenhauer.

A. Herzen.
Physiologie de la volonté.

Bentham et Grote.
La religion naturelle.

Hartmann (E. de).
La Religion de l'avenir.
Le Darwinisme. 2e éd.

Lotze (H.).
Psychologie physiologique.

Schopenhauer.
Essai sur le libre arbitre.
Le fondement de la morale.
Pensées et fragments.

Liard.
Logiciens anglais contemp.

Marion.
Locke.

O. Schmidt.
Les sciences naturelles et
l'Inconscient.

Hæckel.
Les preuves du transformisme
La psychologie cellulaire.

Pi y Margall.
Les nationalités.

Barthélemy St-Hilaire
De la métaphysique.

Espinas.
Philos. expérim. en Italie.

Siciliani.
Psychogénie moderne.

²opardi.
et Pensées.

COUL

D.

www.ingramcontent.com/pod-product-compliance
Lightning Source LLC
Chambersburg PA
CBHW072019080426
42733CB00010B/1759